말한다는 것

너머학교 열린교실 13

# 말한다는 것

연규동 글 이지희 그림

너머학교

사람은 자연학적으로는 단 한 번 태어나고 죽지만 인문학적으로는 여러 번 태어나고 죽습니다. 세포의 배열을 바꾸지도 않은 채 우리의 앎과 믿음, 감각이 완전 다른 것으로 변할 수 있습니다. 이것은 그리 신비한 이야기가 아닙니다. 이제까지 나를 완전히 사로잡던 일도 갑자기 시시해질 수 있고, 어제까지 아무렇지도 않게 산 세상이 오늘은 숨을 조이는 듯 답답하게 느껴질 때가 있습니다. 내가 다른 사람이 된 것이지요.

어느 철학자의 말처럼 꿀벌은 밀랍으로 자기 세계를 짓지만, 인간은 말로써, 개념들로써 자기 삶을 만들고 세계를 짓습니다. 우리가 가진 말들, 우리가 가진 개념들이 우리의 삶이고 우리의 세계입니다. 또 그것이 우리 삶과 세계의 한계이지요. 따라서 삶을 바꾸고 세계를 바꾸는 일은 항상 우리 말과 개념을 바꾸는 일에서 시작하고 또 그것으로 나타납니다. 우리의 깨우침과 우리의 배움이 거기서 시작하고 거기서 나타납니다.

아이들은 말을 배우며 삶을 배우고 세상을 배웁니다. 그들은 그렇게 말을 만들어 가며 삶을 만들어 가고 자신이 살아갈 세계를 만들어 가지요. '생각교과서―열린교실' 시리즈를 준비하며, 우리는 새로운 삶을 준비하는 모든 사람들, 아이로 돌아간 모든 사람들에게 새롭게 말을 배우자고 말하고자 합니다.

무엇보다 삶의 변성기를 경험하고 있는 십대 친구들에게 언어의 변성기 또한 경험하라고 말하고 싶습니다. 그래서 자기 삶에서 언어의 새로운 의미를 발견한 분들에게 그것을 들려 달라고 부탁했습니다. 사전에 나오지 않는 그 말뜻을 알려 달라고요. 생각한다는 것, 탐구한다는 것, 기록한다는 것, 읽는다는 것, 느낀다는 것, 믿는다는 것, 논다는 것, 본다는 것, 잘 산다는 것, 사람답게 산다는 것, 그린다는 것, 관찰한다는 것, 말한다는 것……. 이 모든 말의 의미를 다시 물었습니다. 그리고 서로의 말을 배워 보자고 했습니다.

'생각교과서―열린교실' 시리즈가 새로운 말, 새로운 삶이 태어나는 언어의 대장간, 삶의 대장간이 되었으면 합니다. 무엇보다 배움이 일어나는 장소, 학교 너머의 학교, 열려 있는 교실이 되었으면 합니다. 우리 모두가 아이가 되어 다시 발음하고 다시 뜻을 새겼으면 합니다. 서로에게 선생이 되고 서로에게 제자가 되어서 말이지요.

고병권

차례

말하는 것은 능력이다

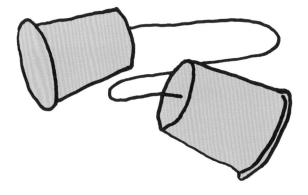

이 책에서 우리는 '말'에 대해 생각해 보려고 해요. 우리는 숨을 쉬면서 눈에 보이지 않는 공기를 쉴 새 없이 들이마시고 내뱉고 있지만 이를 의식하지는 않아요. 말을 하는 것도 숨 쉬는 것과 비슷하게 너무나 당연하고 익숙합니다. 그래서 우리는 '말한다는 것'에 관심을 두지 않고 살아가고 있어요. 하지만, 우리는 매일 말과 더불어, 말속에서 살고 있어요. 말 없이는 살 수 없다고 해도 지나치지 않아요.

말한다는 것은 도대체 무엇일까요? 외국어를 잘하려면 단어도 외워야 하고, 발음도 정확하게 해야 할 뿐 아니라 문법도 잘 알아야 해요. 그렇다면 말한다는 것은 단어와 문법 같은 것을 배우는 것일까요. 하지만, 모국어를 배울 때에는 단어를 외울 필요도 없었고 발음을 따로 훈련하지도 않았으며 또 문법을 배우지도 않았어요. 그저 일정한 나이가 되면 능숙하게 말을 할 수 있었잖아요. 물론 국어 시간에 한국어의 문법이나 발음 규칙을 배우고, 또 맞춤법이나 띄어쓰기 같은 것이 괴롭혔을지는 몰라도, 그런 것들과 상관없이 우리는 이미 잘 말할 수 있었어요. 그렇다면 도대체 말한다는 것은 무엇일까요. 말한다는 것이 무엇인지 몰라도 말하는 데에는 아무 문제 없는데, 왜 우리는 말한다는 것을 따로 살펴봐야 할까요.

지금 이 책을 읽고 있는데 친구가 와서 말을 건다고 가정해 봅시다.

야너지금무슨채길거
마란다는거시란채킹는중이야

아마 대략 이런 대화가 오고갈 겁니다. 어때요. 이렇게 써 놓으니까 아주 어색한가요. 아마 다음과 같은 것이 더 익숙할지도 모르겠어요.

야, 너 지금 무슨 책 읽어?
말한다는 것이란 책 읽는 중이야.

입으로 내는 소리는 눈에 보이도록 써 놓은 것과는 큰 차이가 있다는 것을 알겠지요. 입으로 공기를 마신 후에 목구멍을 통해서 다시 내뱉으면서 나오는 소리를 말 또는 언어라고 하고, 그 말을 눈에 보이도록 써 놓은 것을 글 또는 문자라고 해요. 지금 보았듯이 말과 글, 언어와 문자는 큰 차이가 있어요.

글을 쓸 때에는 이해를 돕기 위해 적당한 곳에서 띄어쓰기를 하지만, 말을 할 때에는 글을 쓸 때 띄어 쓰는 곳에서 반드시 숨을 쉬지는 않지요. 물론 아주 긴 문장을 말할 때에는 숨을 쉬어야 하지만, 일상 대화에서는 거의 대부분 한 번에 쭉 말해 버립니다. 앞의 대화를 띄어쓰기를 한 곳마다 잠시 멈추면서 말을 한다면, 마치 한국어를 처음 배우는 외국인이 말하는 것처럼 어색하게 느껴질 겁니다.

다시 생각해 볼까요. 말을 할 때에는 "야너지금무슨채길거"라고 한 번에 쭉 이어서 소리 내지만, 우리는 이런 연속된 말소리를 "야 너 지금 무슨 채 길거"라고 구분할 수 있는 '능력'이 있어요. 이게 무슨 능력이냐고요? 아기였을 때를 생각해 보세요. 주위의 어른들은 거의 대부분 그저 평상시의 속도로 우리에게 말을 걸었잖아요. 그런데도 우리는 그런 말을 듣고 적당하게 끊어 이해해서 우리말을 배운 거예요. 이게 바로 능력이지요.

말을 구분하여 들을 수 있는 것이 능력이라는 사실이 아직도 이해가 되지 않는다면, 텔레비전 다큐멘터리나 인터넷을 통해서 잘 모르는 외국어를 들어 보세요. 아무리 여러 번 반복하여 들어도 어디에서 어디까지가 한 단어인지 구분하기가 쉽지 않아요. 아마 한글로 제대로 받아 적기도 힘들 거예요. 그래서 한 번에 죽 이어지는 말을 구분하여 이해하는 것을 능력이라고 하는 것입니다. 다시 말해서 우리가 말의 뜻을 알기 위해서는 한 번에 쭉 이어지는 말을 구분하는 '능력'이 먼저 필요해요. 그런 의미에서 우리는 모국어에 관한 한 이미 그 능력을 가지고 있다고 말할 수 있어요.

말에 대한 우리의 능력은 한 문장을 구분하는 능력만 있는 것은 아니에요. 다음과 같은 대화를 주고받았다면 어떨까요.

거시란 중이야 마란다는 채 깅는(야, 무슨 너 지금 책 읽어)
거시란 중이야 마란다는 채 깅는(것이란 중이야 말한다는 책 읽는)

.이런 문장을 듣고 이상하다고 느꼈다면, 이미 한국어의 문장구조를 판단할 수 있는 능력이 있는 거예요. 갑자기 문장구조라는 말을 꺼내니까 주어니 목적어니 서술어니 하는 단어가 떠오르나요. 그런 어려운 문법 용어를 말하는 것이 아니에요. 어떤 문장은 한국어에서 자연스럽고 어떤 문장은 한국어에서 부자연스럽다고 구분할 수 있다면, 문법 용어와 상관없이 이미 한국어의 문장구조를 알고 있는 것이에요. 한국어를 배우는 외국인이 이와 같은 문장이 어색한지 아닌지를 판단하려면 얼마나 많은 시간이 걸리겠어요. 그러니까 어떤 문장을 보고 그 문장이 자연스러운지 아닌지를 판단하는 일은 말을 하는 데에 있어서 아주 큰 능력이에요. 그리고 우리는 그 능력을 이미 가지고 있어요.

다음 문장을 보세요.

야 너 지금 무슨 바 빌거(야, 너 지금 무슨 밥 읽어)

이 문장은 한국어 문장으로서는 어색한 곳이 없지만, '밥'이라는 단어와 '읽다'라는 단어는 어울리지 않아요. 밥을 쓰고 싶으면 '일거'(읽어)가 아니라 '머거'(먹어)가 되어야 해요. 이렇게 어떤 단어가 어떤 단어와 더 잘 어울리는지 판단할 수 있는 것도 우리가 가지고 있는 언어능력의 하나예요. 그래서 우리는 '모자를 입'지 않고 '모자를 쓰'며, "한결이가 큰 소리로 웃고 있어"는 자연스럽지만, "빈 병이 큰 소리로 웃고 있어"는 동화와 문학 속의 표현이 아니라면 부자연스럽다는 것을 판단할 수 있어요.

게다가 [잉는 중이야]라고 말했는데도 이 말을 "읽는 중이야"라고 이해할 수 있는 능력도 있어요. "무슨 채 길거" 할 때에는 잘 들어 보면 거기 어딘가에 '일거'(읽어)가 들어 있으니까 '읽'는다는 행위를 이해할 수 있지만 [잉는 중이야] 할 때에는 아무리 귀를 기울여 들어도 '읽'이라는 소리는 들리지 않아요. 그런데도 우리는 '잉'에서 '읽'을 들을 수 있어요. '읽'이 '는'과 만나면 '잉'으로 바뀐다는 것을 알아차리는 능력이 있는 것이에요.

이제까지 제가 길게 이야기한 내용을 한마디로 정리하면, 바로 "말을 한다는 것은(그리고 그 말을 듣는다는 것은) 능력"이라는 것이에요. 이제 이해할 수 있겠지요.

그런데 사실 말하는 능력이란 바로 규칙을 배우는 능력이에요. 단어들을 어떻게 배열해야 자연스러운 한국어가 되는지, 어떤 단어를 언제 써야 의미가 잘 통하는지, 어떤 소리가 어떻게 해서 바뀌는지 등등 다양한 규칙을 이미 잘 알고 능숙하게 사용하는 능력이지요.

## 말은 규칙이다

영어 배울 때를 생각해 보세요. 어떤 발음을 주의해야 하는지, 각 단어의 뜻은 무엇인지, 문장을 만들기 위해 어떻게 단어를 배열해야 하는지, 이런 것들을 배워 나가잖아요. 그래서 한 언어를 배운다는 것은 바로 그 언어가 가진 다양한 규칙을 배우는 것이라고 말할 수 있어요. 그래서 "언어는 규칙 체계이다"라고 하는 거예요.

우리는 언제 한국어의 규칙들을 배웠나요? 한국어를 어떻게 발음해야 하는지, 한국어에서 어떤 단어에는 어떤 의미가 있는지, 한국어의 문장을 어떻게 배열하는지 등을 배웠던 때를 생각해 보세요. 아마 잘 기억이 나지 않을 거예요. 우리는 모두 한국어의 많은 규칙들을 스스로 깨쳐 왔어요. 우리는 모두 한국어의 규칙을 배우지 않고도 이해했다는 말이에요. 그럴 리가 없다고요? 영어를 배울 때는 여러 번 공부해야 이해되는 규칙들을 한국어의 경우에는 스스로 이해했다니 잘 납득이 가지 않을 거예요.

모국어의 많은 복잡한 규칙을 스스로 깨친 거라는 사실을 설명하는 예 중에서 아주 간단한 것을 먼저 말해 볼게요. '삭만'이라는 말

을 발음해 보세요. 이 말은 생전 처음 보는 단어이지만, 아무 고민도 하지 않고 [상만]이라고 발음했을 거예요. 어때요. 아무도 가르쳐 주지 않았고 다른 사람의 발음을 따라 할 수도 없었지만 모두 잘 발음했어요. 무슨 뜻이냐고요? 저도 몰라요. 제가 지금 막 만들어 낸 단어니까요.

'삭만'에는 어디에도 ㅇ이 들어 있지 않는데, 왜 [사ㄱ만]이라고 발음하지 않고 [사ㅇ만]이라고 발음했나요. 도대체 표기에도 들어 있지 않은 [ㅇ]이라는 소리는 어디에서 왔나요. 그것은 바로 한국어에는 [ㄱ] 소리가 [ㅁ] 소리 앞에서 [ㅇ]으로 바뀌는 '규칙'이 있기 때문이에요.

국물 (ㄱㅜㄱㅁㅜㄹ) → [궁물]

복면 (ㅂㅗㄱㅁㅕㄴ) → [봉면]

학문 (ㅎㅏㄱㅁㅜㄴ) → [항문]

이 규칙은 ㄱ이 ㅁ을 만나면 예외 없이 적용돼요. 그래서 '곡물, 덕망, 막말, 속마음' 등은 각각 [공물, 덩망, 망말, 송마음]이라고 발음되는 거고요. 처음 보는 단어임에도 불구하고 '삭만'을 [상만]으로 소리 낼 수 있었던 것은 바로 이 규칙을 알고 있었기 때문입니다. 하지만 잘 생각해 보세요. 말을 처음 배울 때에 이 규칙에 대해서 배운

적이 없잖아요. 바로 어렸을 때 이 규칙을 '스스로' 터득한 것이랍니다. 그리고 의식을 하지 못했지만, 그때부터 이 규칙을 머릿속에 가지고 있었던 것이에요.

좀 어렵기는 하겠지만, 하나만 더 예를 들어 볼게요. 다음 예문들의 빈칸에 '-러, -려고' 중 하나를 넣어 보세요.

한결이는 한솔이를 만나__ 공원에 갔다.
한결이는 한솔이를 만나__ 전화를 걸었다.
한결아, 한솔이를 만나__ 공원에 가자.
한결아, 너 지금 공원에 가서 한솔이를 만나__?

어때요. 어떤 문장에는 '-러, -려고'를 다 쓸 수 있지만, '-러'만 쓸 수 있는 문장도 있고, '-려고'만 쓸 수 있는 문장도 있다는 것을 알아차렸나요? 그리고 이 두 어미를 구분하는 규칙을 따로 배운 적은 없지만, 우리 모두 아주 능숙하게 구별해 쓰고 있다는 사실도 깨달았나요? 이 규칙도 우리 각자가 한국어를 배우는 과정에서 어른들의 말을 듣고서 스스로 터득한 것입니다. 한국어를 처음 배우는 외국인이라면 이러한 규칙을 따로 공부해야 할 거예요.

한 언어에는 이 외에도 많은 규칙이 있어요. 그리고 말을 배운다는 것은 그저 어른들의 말을 무작정 따라 하는 것이 아니라, 스스로 규칙을 받아들이는 것이에요. 게다가 보통의 어린이들은 다섯 살, 여섯 살이 되기 전에 그 규칙을 자연스럽게 그리고 완벽하게 습득해요. 그 이후에는 나이에 맞는 단어를 늘려 나갈 뿐이지요. 그래서 "아이는 언어에 관한 한 천재다"라고 하는 거예요.

## 말은 소리와 뜻의 결합이다

말한다는 것은 기본적으로 소리를 내는 것이에요. 하지만, 소리를 낸다고 모두 말하는 것은 아니에요. 새소리가 예쁘다거나 아름답다고 할 수는 있지만, 그렇다고 새가 말을 한다고는 하지 않아요. 태어난 지 얼마 되지 않은 아기들도 배고프다거나 불편하다는 사실을 소리를 내어 알리지만 그 아기들이 말할 수 있다고 하려면 적어도 2, 3년은 기다려야 해요.

그러니까 말한다는 것은 그저 입을 벌려 소리를 내는 일 이상의 의미가 있어요. 말에는 '소리'와 함께 '뜻'이 포함되어 있어야 해요. 소리만 있어도 말이 아니고, 뜻만 있어도 말이 아니에요. [강머]라고 소리를 낼 수는 있지만 이것이 한국어에서 말이 아닌 까닭은 뜻이 없기 때문이에요. '잘못을 저지른 후에, 그에 대하여 책임을 느끼는 마음'을 '죄책감'이라고 해요. 그러면 '잘못을 저지른 후에, 목격자가 없으니 거기에서 빠져나갈 수 있다고 느끼는 마음'은 무엇이라고 할까요? 우리말에는 이에 해당하는 단어가 없어요. 그러므로 이 경우는 뜻은 있지만 소리가 없는 경우라고 할 수 있어요.

'정(情)'이라는 단어가 어떻게 사용되는지 볼까요.

한준이는 정이 많아.

국어 선생님하고는 미운 정 고운 정 다 들었어.

그 애는 잔정이 없어.

사랑 없이는 살아도 정 없이는 살 수 없어.

자주 만나면 정들어. 조심해.

여기에 쓰인 '정'을 다른 언어로 똑같이 옮기는 일은 쉽지 않아요. 한국어에서는 '정'이라는 말은 소리도 있고 뜻도 있지만, 다른 언어에서는 소리를 흉내 낼 수 있어도, 정확하게 '정'에 대응되는 말이 없답니다. (물론 그렇다고 해서 말을 아예 못 하는 것은 아니에요. 다른 단어로 비슷하게 표현할 수는 있어요.) 이처럼 말에는 '소리'와 함께 '뜻'이 포함되어야 해요. 뜻은 생각을 나타내는 것입니다. 입에서 나오는 '소리'에 말하는 사람의 '뜻'이 어떻게 전달되는가에 따라 '말의 힘'이 달라져요. 우리가 이 책에서 '말한다는 것'을 살펴보는 이유도 바로 이러한 '말의 힘'을 알고 싶어서랍니다.

말은 여러 가지 일을 한다

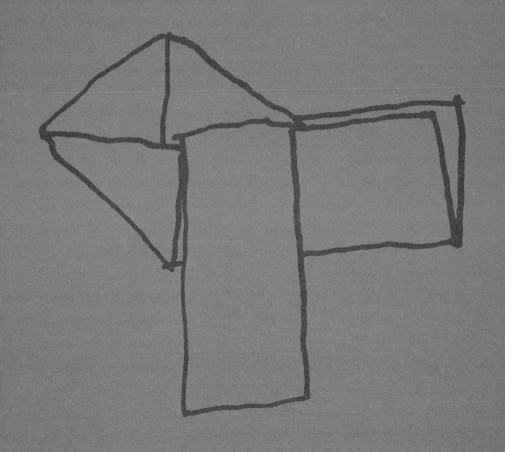

말을 하지 않고도 나의 생각을 전달하는 방법은 여러 가지가 있어요. 친구가 나를 바라보며 얼굴을 찡그리면 무언가 기분 나쁜 일이 있다는 표시예요. 수업 중에 선생님 눈을 피해 건너편에 앉은 친구에게 '수업이 끝나면 매점에 가서 빵 먹자'라는 생각을 손짓으로 전달할 수도 있어요.

하지만, 말이야말로 다른 어떤 방법보다 더 효율적으로 내 생각을 전하는 도구예요. 또 지금 내가 어떤 생각을 하는지 어떤 것을 원하는지 정확하게 전달하려면 '말'이 있어야 해요. '추억'이라는 단어를 소리 내지 않고 그저 손짓 발짓으로만 친구에게 한번 전달해 보세요. 그리 쉽지는 않을 거예요. 이렇게 짧은 단어는 혹시 가능하다고 하더라도, "이 사진을 보니, 초등학교 1학년 봄방학 때 놀이동산에 갔던 일이 떠오른다"라는 문장을 표정이나 손짓 등으로 정확하게 전달하는 일은 거의 불가능해요.

이처럼 말이 없었다면, 내가 어제 본 노을이 얼마나 아름다웠는지, 내가 너를 얼마나 좋아하는지, 친구가 지금 읽고 있는 책을 나도 예전에 감동 깊게 읽었다는 사실, 힘들 때면 꼭 나랑 먼저 상의해 주면 좋겠다는 이야기 등을 다른 사람에게 전달하려고 얼마나 애를 써야 할지 모르겠어요. 이처럼 우리는 말을 통해서 아주 간편하게 내 생각을 표현하고 상대방의 생각을 알게 되는 것이에요.

말은 이렇게 생각을 나누는 일 외에도 많은 일을 합니다. 이제 우리가 말을 가지고 또 어떤 일을 할 수 있는지 살펴보기로 해요.


## 말을 하며 협력한다

말의 기본적인 목표는 생각을 서로 나누는 일이에요. 이를 의사소통이라고 하지요. 그러니까 의사소통이란, 내 머리에 있는 생각을 다른 사람의 머리로 옮기고, 또 다른 사람의 머릿속에 있는 생각을 내 머릿속으로 옮기는 작업을 반복함으로써 서로의 생각을 공유하는 것이에요. "사랑해"라고 말하는 순간, 내 생각이 전달돼요. "나는 예전에 저 영화 본 적 있어"라고 말하면서 나의 경험을 상대방에게 알려 주어요. 이처럼 말은 의사소통의 기본이에요.

우리는 또한 말을 통해서 협력할 수 있어요. 인간이 말을 하게 된 계기는 여러 가지가 있겠지만 그중 하나는 바로 서로 힘을 모으기 위해서였을 거예요. 어려운 일을 할 때 여러 사람의 도움이 있어야 하는데, 힘을 잘 합치기 위해서는 서로 말이 잘 통해야 하기 때문이지요.

아주 옛날에 수렵 생활을 했던 선조들을 생각해 볼까요. 큰 매머

드 한 마리를 발견했을 때 이렇게 전달할 수 있었다면 그 매머드를 잡기가 훨씬 더 쉬웠을 거예요.

우선 매머드가 가다가 멈출 때까지 그냥 따라만 가자. 너는 마을로 가서 다른 사람들을 더 불러와. 사람들이 더 모이면 너희 둘은 저쪽으로 돌아가 숨어 있다가 머리 쪽을 공격하고, 너희 셋은 꼬리를 집중 공격해.

이처럼 인간은 말을 이용해서 서로 협동하고 일을 나눌 수 있었으며 보다 복잡한 행위를 계획하고 성공시킬 수 있었던 것입니다. 히브리 성경에 등장하는 바벨탑 이야기 또한 언어를 통해서 서로 협동하는 것을 잘 보여 주고 있어요.

온 세상이 같은 말을 하고 같은 낱말들을 쓰고 있었다. (…) 그들은 또 말하였다. "자, 성읍을 세우고 꼭대기가 하늘까지 닿는 탑을 세워 이름을 날리자. 그렇게 해서 우리가 온 땅으로 흩어지지 않게 하자." 그러자 주님께서 내려오시어 사람들이 세운 성읍과 탑을 보시고 말씀하셨다. "보라, 저들은 한 겨레이고 모두 같은 말을 쓰고 있다. 이것은 그들이 하려는 일의 시작일 뿐, 이제 그들이 하고자 하는 것은 무엇이든 못할 일이 없을 것이다. 자, 우리가 내려가서 그들의 말을 뒤섞어 놓아, 서로 남의 말을 알아듣지 못하게 만들어 버리자." 주님께서는 그들을 거기에서

온 땅으로 흩어 버리셨다. 그래서 그들은 그 성읍을 세우는 일을 그만두었다.

—「창세기」 중에서

이 이야기에서는 "같은 말을 하고 같은 낱말을 쓰"는 사람들이 힘을 합치면 "하고자 하는 것은 무엇이든 못할 일이 없을 것"이라고 말하고 있어요. 문명을 이루는 과정에서 말을 통한 협력이 얼마나 중요한지 알 수 있겠지요.

## 말을 통해 배운다

인간은 말을 통해서 자신이 쌓은 지식을 후대에 전달합니다. 우리가 배우는 모든 학문은 바로 말을 통해서 이루어집니다.

하나에다가 하나를 더하면 둘이 되는 사실을 우리는 말을 통해서 배웠어요. 말을 통해서가 아니라면, 지구는 공처럼 생겼고 태양 주위를 돌고 있다는 것을 어떻게 알았겠어요. "이 버섯에는 독이 있어"라고 누군가 알려 주지 않았다면, 인간은 매번 같은 실수를 반복했을 거예요. 이처럼 말이 있었기에 앞선 세대가 쌓은 지식이 후대에 전달될 수 있었고 앞선 세대가 쌓은 지식을 바탕으로 더 새로운 지식을 만들어 낼 수 있었어요.

"우리는 거인의 어깨 위에 올라탄 난쟁이들이다"라는 말이 있어요. 여기에서 거인은 바로 우리보다 앞서 살아간 세대를 가리키는 말이에요. 우리가 앞선 세대보다 더 멀리 더 잘 볼 수 있는 것은 시력이 더 좋거나 키가 더 커서가 아니라, 우리가 그들의 어깨 위에 올라탈 수 있기 때문이라는 말이에요. 다시 말해서 우리가 이루어 낸 모든 업적은 앞선 이들이 이루어 낸 업적을 바탕으로 이루어졌다는 뜻이지요.

말이 없었다면, 그리고 그 말을 기록한 문자가 없었다면 우리는 매번 같은 실수를 반복하고 같은 지식을 똑같이 반복해서 습득해야 했을 거예요.

## 말로써 감정을 전한다

우리의 감정은 얼굴 표정에 드러납니다. 또는 손뼉을 치거나 손을 휘휘 내젓는 것을 통해서 느낌을 표현하기도 하지요. 하지만, 말을 통해서 우리는 누군가가 가진 감정을 더 잘 이해할 수 있어요. 그런 의미에서 말은 생각이나 지식뿐만 아니라 감정까지도 전달할 수 있는 도구입니다.

학교에서 급식을 먹으러 식당에 들어서면서 어떤 친구는 "와, 돈가스구나"라고 말하고, 또 어떤 친구는 "또 돈가스야"라고 말하는 것을 들었다고 생각해 봐요. 식당에 들어가서 메뉴판을 보지 않았더라도 급식 메뉴가 무엇인지 알 수 있는 까닭은 정보가 말을 통해서 전달되었기 때문이에요. 하지만 이 외에도 우리는 친구들이 돈가스에 대해서 어떻게 생각하는지도 알 수 있어요. 오늘 급식 메뉴를 보고 "와"라고 말한 친구와 "또"라고 말한 친구는 서로 다른 감정을 가지고 있음을 알 수 있어요. 즉, 그 사람이 내뱉은 말을 통해서 어떤 사람의 속마음을 알 수 있습니다. "가방이 참 무거워"라고 말할 때에도 "무~거~워"라고 길게 또는 힘을 주어 말하면 이 말을 한 사람이 얼마나 무거워하는지 잘 느껴져요.

친구와 늦게까지 놀고 있는데 엄마가 전화를 해서 "너 지금 어디야?"라고 말했을 때에도, 우리는 목소리만 듣고도 엄마가 화가 났는지 아니면 그저 지금 내가 어디에 있는지 궁금한 것인지 판단할 수 있어요. 이처럼 말을 듣고 엄마의 기분을 알아차릴 수 있는 이유는 말 속에 말하는 사람의 감정까지 함께 전달되기 때문이에요(카톡 같은 문자메시지는 감정을 전달하기가 쉽지 않아서 이모티콘을 사용해서 보충하기도 해요).

비슷한 뜻을 가진 단어 중에서 어떤 단어를 선택하느냐도 감정 전달에 중요한 역할을 해요. 처음 보는 이를 보고 어떻게 묻는지만 보아도 묻는 사람의 느낌을 알 수 있게 되지요.

저 애는 누구니?

저 자식은 누구니?

저 새끼는 누구니?

어떤 사람을 평가할 때에도 어떤 단어를 쓰느냐에 따라 전달하는 기본 내용 외에 그에 대하여 가지고 있는 추가적인 느낌이 다르게 전달되어요. 다음 문장도 마찬가지입니다.

그 사람은 참 검소해.

그 사람은 참 인색해.

무심코 손을 찧었을 때 "아야"라고 외치는 비명이나 "아이, 재수 없어"라는 혼잣말도 누군가와 의사소통을 위한 것이 아니라, 나의 지금 감정을 말로 표현하는 것이지요.

또한 모국어를 공유하는 사람들끼리는 한마디의 말에 수많은 의미가 들어 있음을 알아요. 예를 들어, '엄마 손'이라는 말에는 그저 눈에 보이는 엄마의 손을 가리키는 것 외에도 '부드럽고 따뜻한, 어릴 때 내가 꼭 잡고 걸었던, 맛있는 밥을 만들어 주시는, 열이 나 뜨거운 내 이마를 짚어 주시던' 등 많은 느낌이 함께 들어 있어요.

## 말을 하면 친해진다

우리는 말을 통해서 서로 관계를 좋게 만들고 친교를 돈독히 할 수도 있어요. 다른 사람과 더불어 살아가야 하는 인간에게는 아주 중요한 말의 기능이라고 할 수 있어요. 학교 오는 길에 친구를 만났을 때, 우리는 모두 "안녕" 하고 인사를 하지요. 여기서 '안녕'이라는 단어는 아무 탈 없이 편안한지에 대한 정보를 묻는 것이 아니에요. 이 말을 주고받는 두 사람 사이의 관계를 보여 주는 인사말일 뿐이에요. 그렇기 때문에 친구가 나를 보고도 아무 말 없이 가 버린다면, 그 친구와 나 사이에 관계가 어긋난 일이 있었음을 알 수 있어요.

인사말에서 주로 그날 날씨를 거론하는 이유가 여기에 있어요. 두 사람의 관계에서 특별하게 이야기 나눌 주제는 따로 없지만, 내가 너를 알고 있음을 어떤 방식으로 표시해야 할 때에 가장 편하게 거론할 수 있는 화제가 바로 날씨거든요.

안녕하세요. 날씨가 참 좋네요.

그렇네요. 벌써 봄인가 봐요.

이와 같은 대화는 상대방과 협력을 하거나 지식이나 정보를 전달하려는 목적은 거의 없어요. 또 내 생각이나 감정을 전달하는 것도

아니에요. 그저 다른 사람과 좋은 관계를 맺는 출발점일 뿐이에요. 더 이상 대화를 이어 나가지 않는다고 하더라도 아무 말도 없이 지나치는 것보다는 분위기를 더 화기애애하게 만드는 효과가 있어요. 그렇기에 잘 모르는 옆집 사람에게도 쉽게 말을 걸 수 있게 되는 것이지요. 학교 앞 분식집에 들어갔을 때에 주인아주머니가 "날씨가 참 덥지?"라고 말씀하시는 것이 날씨가 더운지 아닌지를 물어보시는 것이 아님을 알 수 있잖아요. 이처럼 우리는 사교적인 관계를 유지하기 위해 말을 통해서 친분을 보여 주거나 확인하는 것입니다.

친구가 어제 있었던 일을 말하고 있는 상황에서도 친구의 말을 그냥 듣고만 있으면 안 돼요. "응", 또는 "그래서?", "그러게 말이야", "정말?"과 같은 말을 중간중간에 넣어 주어야 해요. 이런 말 역시 정보를 주거나 감정을 표현하기 위한 것이 아니라, 내가 너의 이야기를 잘 듣고 있다는 것을 알려 주는 표지예요. (이런 맞장구에 대해서는 '말을 잘하고 싶다면'에서 다시 이야기할게요.) 오랜만에 만난 친구에게 "너 참 예뻐졌다"라고 하거나, 다이어트를 하는 친구에게 "살 진짜 많이 빠졌어"라고 하는 말도 때로는 사실 여부와 상관없이 대화를 나누는 사람들 사이에 교감을 나타내는 것이에요. 친구가 기침을 하면, "감기 걸렸니?"라고 물어봐 주는 것도 마찬가지입니다.

외국 사람들이 한국어를 배울 때 제일 신기하게 생각하는 표현 중 하나가 "밥 먹었어?"라는 것이라고 해요. 한국 사람들은 왜 그렇게 밥을 먹었는지 아닌지에 관심을 가지는지 모르겠다는 거지요. 하지만, 이 말이 누군가가 밥을 먹었는지 안 먹었는지를 묻기 위한 것이라기보다는(물론 그런 경우도 있기는 하지만), 그저 서로 간에 친한 상태를 확인하는 표현이라는 것을 한국 사람은 다 알고 있어요. "식사하셨어요?", "밥은 먹고 다니니?", "밥 한번 먹자"와 같은 말도 모두 같은 효과를 가지고 있어요.

우리나라 말에 "차린 것은 별로 없지만 많이 드세요"라는 말처럼 비논리적인 표현도 없을 거예요. 차린 것이 없는데 어떻게 많이 먹을 수 있겠어요. 차린 것이 없으면 초대하지를 말았어야 하잖아요. 하지만, 이 말 역시 정보를 주기 위한 것이 아니에요. 이 말은 우리 집에 온 손님에게 예의를 차리기 위한 말이지요. 겸손함을 드러냄으로써 그 말을 듣는 사람과의 관계를 좋게 만들고 싶은 마음이 들어 있는 것이에요. 요즘은 "이 음식 만드느라고 아침부터 고생 많이 했어요. 그러니까 맛있게 많이 드세요"라고 말하는 경우도 있다고 하더라고요. 그렇다고 해서 어느 표현이 더 좋거나 더 나쁘다고 말할 수는 없어요. 예전에는 겸손함을 드러냈다면, 요즘에는 솔직함을 더 중시하고 있을 뿐이에요. 어느 쪽이든 말하는 사람과 듣는 사람의 친교를 표현하는 효과를 드러내고 있습니다. 이처럼 우리는 말을 통해서 서로의 관계와 친교를 확인해요.

저는 마음을 터놓고 이야기할 친구가 하나도 없어요.

넌 사교성이 없어서 그래. 이제부터 사교성을 키워 봐.


이런 대화는 누군가가 자신의 상태에 대한 정보를 주고 그 상태를
변화시키기 위한 정보를 얻고자 할 때 일어날 수 있는 대화입니다.
하지만, 다음과 같은 대화는 답을 기다리는 것이라기보다는 공감을
청하는 대화입니다. 어떤 상황에 어떤 답을 해야 할지 잘 판단할 수
있어야겠지요.


저는 마음을 터놓고 이야기할 친구가 하나도 없어요.

네 말을 들어 줄 만한 친구가 없으니 외롭겠구나.

말은 나를 드러낸다

말의 주요한 기능이 의사소통이기는 하지만, 말은 나를 드러내는 도구이기도 해요. 나의 말에 나 자신은 물론 내가 속한 사회의 정체성이 드러나는 것이지요. 어느 날 지하철에서 내려 지상으로 올라가는데, 지하철을 타러 내려오는 두 사람이 각각 이렇게 말했다고 생각해 보세요.

가을비가 참 많이도 내리네.
비 한번 염병하게 많이 오네.

어때요. 이 두 사람이 한 말을 지식 전달이라는 관점에서 바라보면 둘 다 비가 온다는 정보를 우리에게 주고 있기는 해요. 하지만, 그 외에 다른 어떤 이미지가 떠오르지 않나요. 이처럼 말만 들어도 그 사람이 품위 있는 사람인지 아니면 교양 없는 사람인지가 드러납니다. 우리가 하는 말을 통해서 우리가 가진 특징이 드러나는 것이에요. 그래서 말에는 우리의 정체성이 표현된다고 하는 것이지요.

외국에서 동양 사람을 만났을 때 그 사람이 한국인인지 중국인인지 아니면 일본인인지 어떻게 알 수 있을까요. 물론 자세히 보면 세

나라 사람들의 얼굴이나 옷 입는 모양이 미묘하게 다르기는 해요. 하지만, 가장 쉽게 구별하는 방법은 바로 그 사람이 사용하는 언어를 들어 보는 거예요. 또한 그 말을 하는 사람과 내가 같은 공동체에 속해 있다는 사실을 말을 통해서 알 수 있어요.

이러한 정체성은 기본적으로 단어로 표현됩니다. 한 사람이 하루 종일 사용하는 단어를 수집해서 빈도를 조사하면 그 사람이 어떤 사람인지 드러나요. 아마 학생들이라면 '학교, 급식, 수능, 학원, 점수' 등과 같은 단어를 많이 쓸 것이고, 직장인이라면 '출근, 지각, 월급, 야근, 명퇴' 등의 단어를 많이 쓰겠지요. 또한 '예배, 미사, 기도, 성경'과 같은 단어를 많이 사용하는 사람이라면 그리스도교를 믿는 사람이라고 생각해 볼 수 있고, '절, 삼천 배, 스님' 등의 단어를 많이 사용하는 사람은 불교를 믿는 사람이라고 생각해 볼 수 있을 것입니다.

이처럼 우리가 평소에 하는 말에는 고향이나 나이, 그리고 성별까지 드러날 수 있어요. 우리나라는 인종이나 계급 등이 없지만 이러한 차이가 있는 사회에서는 이 또한 언어에 담길 수 있답니다. 이와 같이 말을 통해 드러나는 정체성에 대해 더 살펴보기로 할까요.

## 말이 고향을 알려 준다

신기한 것을 보면 뭐라고 반응하나요. "우와~" 정도로 말할 수 있겠지요. 그런데 누군가가 놀라운 일을 당하고서 "오메~"라고 말한다면, 우리는 그 친구가 나와는 다른 지역에서 성장했음을 알 수 있어요. 말끝마다 '거시기'를 붙이는 이와, "그 아이가 저 아이니?"라는 뜻으로 억양을 넣어서 "가가 가가?"라고 말하는 이는 자신의 말을 통해서 출신 지역이나 고향을 드러내는 것입니다. 우리는 그 사람의 주소나 본적지를 확인하지 않고서도 말을 통해서 그 사람이 어디에서 성장했는지를 알 수 있어요.

히브리 성경에도 비슷한 이야기가 나와요. 다음은 어떤 단어의 발음을 어떻게 하느냐에 따라 출신 지역을 알 수 있다는 이야기예요.

길앗인들은 에프라임으로 가는 요르단 건널목들을 점령하였다. 도망가는 에프라임인들이 "강을 건너게 해 주시오" 하면, 길앗 사람들은 그에게 "너는 에프라임인이냐?" 하고 물었다. 그가 "아니요" 하고 대답하면, 그에게 "'쉬뽈렛' 하고 말해 봐" 하였다. 그 사람이 제대로 발음하지 못하여 '시뽈렛'이라고 하면, 그를 붙들어 그 요르단 건널목에서 죽였다. 이렇게 하여 그때에 에프라임에서 사만 이천 명이 죽었다.

—「판관기(사사기)」 중에서

물론 말투만은 아니죠. 봄에 땅속에서 선 모양으로 자라는 파처럼 생긴 식물을 '부추'라고 하는 지역도 있고, '정구지'라고 하는 지역도 있고, '소풀'이나 '솔'이라고 하는 지역도 있어요.

강원도 강릉 지역에서는 '고모, 이모'를 '아재'라고 불러요. 다른 지역에서 '아재'는 주로 남자를 가리키는 것과 비교하면 재미있는 현상이지요. 제주도에서도 남녀를 불문하고 친척이나 이웃 어른들을 '삼촌'이라고 부른다고 해요. 그러니까 「순이 삼촌」이라는 소설의 주인공인 '순이 삼촌'은 다른 지역이라면 '순이 이모'나 '순이 고모'라고 해야겠지요(실제로 이 소설의 영어 번역본 제목은 Aunt Suni예요). 게다가 우리나라의 북쪽 지역에서는 오징어를 '낙지'라고 한다고 하면 더 놀랄지도 모르겠어요.

이처럼 우리가 쓰는 말에는 어느 지역 출신인지를 드러내는 요소가 포함될 수 있어요.


## 십대의 말 어른의 말

우리가 쓰는 말에는 우리의 나이가 담겨 있습니다. 그러니까 누군가의 말을 듣고서 그 사람이 어떤 연령대인지를 유추해 볼 수 있지요. 말은 시간의 흐름에 따라 끊임없이 변화하기 마련이므로, 어른 세대가 쓰는 말과 청소년 세대가 쓰는 말이 달라지는 것은 당연한 일입니다.

다음 두 문장 중에 어느 쪽이 나이가 더 젊은 세대에서 사용할 만한 말일까요?

옆집 사람이 너스레를 떨기에 주전부리를 좀 건네주었네.
섭 공부 하는 친구에게 열공하라고 카톡했어요.

'너스레, 주전부리'와 같은 단어나 '했네'와 같은 표현은 어른 세대가 더 많이 사용하고, '섭, 열공, 카톡'과 같은 새로 만들어진 말이나 '했어요' 같은 표현은 젊은 세대의 말이라고 예측할 수 있습니다. 이처럼 나이에 따라 많이 사용되는 단어나 표현이 있으며, 특히 생활 양식이 바뀜에 따라 전자, 통신 등 현대 문명에 관련된 단어들은 청소년의 대화에 더 많이 등장합니다.

그럼 다음 문장들은 어떨까요? 이 두 문장의 쌍에서 달라진 것은 딱 하나의 단어예요. 두 문장 모두 똑같은 내용을 전달하고 있지만, 실제 일상생활에서 청소년이 쓸 것 같은 문장은 아래쪽입니다(왜 그런지 생각해 보세요).

얼마나 목이 말랐는지 물을 석 잔이나 연거푸 마셨어.
얼마나 목이 말랐는지 물을 세 잔이나 연거푸 마셨어.

내일은 내 친구 생일잔치가 있어.

내일은 내 친구 생일 파티가 있어.


여기에 앉게.

여기에 앉아.

또 다음 구절들을 소리 내어 읽어
보세요.

꽃을 든 남자

이 밤의 끝을 잡고


이 구절들은 나이와
관련 없이 사용될 수 있
지만, 여기에서도 나이
차이를 보여 주는 부분이
있어요. 여러분은 '꽃을'과
'끝을'을 각각 어떻게 발음했
나요. 아마 대부분은 [꼬슬],
[끄슬, 끄츨]이라고 했으리라

생각해요. 하지만 나이 드신 분들은 [꼬츨], [끄틀]이라고 발음하는 경우가 훨씬 더 많이 있어요. 이처럼 문장이나 단어, 어미 외에도 발음을 통해서도 그 사람의 연령대가 드러납니다.

이 외에도 나이의 차이가 반영된 말은 아주 많이 있습니다. 특히 이 책을 읽고 있는 청소년 세대가 하는 말들은 어른 세대의 말과 매우 다릅니다. 이에 대해서는 '이런 말 써도 괜찮을까?'에서 좀 더 자세히 살펴보기로 해요.

## 남성의 말과 여성의 말은 다르다

그렇다면 말만 듣고 그 말을 하는 사람이 남성인지 여성인지 알아차릴 수 있을까요. 다음 말을 들었을 때 이 말의 화자가 남성인지 여성인지 생각해 보세요. 물론 목소리가 변조된 상태를 가정합니다.

나 오늘 아침에 알람 못 들어서 여덟 시 넘어서 일어났어. 대충 입고 뛰어나갔는데 타려는 버스가 막 가려고 하는 거야. 겨우겨우 잡아타고 학교 도착했는데 어제 새벽까지 쓴 보고서를 안 가져온 거 있지. 완전 재수 없는 날이라니까. 근데, 너는 보고서 써 왔니?

일반적으로 여성은 남성에 비해 색깔에 대해 섬세하고 자세하게 묘사하거나, 여성 특유의 부사, 감탄사를 많이 사용한다고 알려져 있어요. 이를테면 '너무너무, 정말정말'과 같이 반복되는 부사나 '어머, 엄마야, 어쩜' 등과 같은 감탄사는 주로 여성의 말에 많이 등장합니다. 또한 여성은 남성에 비해 표준어를 많이 사용하며 문법에 맞게 말하는 경우가 많습니다. 부정적인 상황에서 남성들은 욕설이나 금기어를 많이 섞지만, 여성들은 자신의 감정을 돌려서 완곡하게 표현하는 경향이 있다고 해요.(다만, 이는 경향일 뿐 사람마다 언어 습관을 다르다는 것도 잊지 마세요.)

게다가 상대에 대한 명령이나 요청 또는 의뢰의 표현이 필요한 상황이 되면, 여성은 상대편에게 명령이나 비난을 피하고 될수록 요청이나 의뢰의 형식을 빌려서 완곡하게 표현합니다. 예를 들어 도서관에서 책을 보고 있는데, 옆자리에서 어떤 사람이 이어폰으로 음악을 크게 듣고 있는 경우에 여성들은 직접적으로 꺼 달라고 이야기하는 대신에 "음악 소리가 너무 큰 것 같은데요"라고 돌려 이야기하는 경향이 많다는 것이죠.

아울러 여성이 사용하는 문장의 길이가 상대적으로 남성이 사용하는 문장보다 길고, 내용에서도 단순한 정보 외에 자신의 감정을 실어 생생하고도 충실한 내용을 전달하는 경향이 있습니다.

사실 우리말에서는 지금까지 말한 것 외에 남성이 하는 말과 여성이 하는 말에 크게 차이는 없어요. 사람마다 특성이 다른 것일 수도 있기 때문이지요. 하지만, 언어에 따라서는 남성이 하는 말과 여성이 하는 말이 꽤 다른 경우도 많이 있다고 해요.

말에는 남성이나 여성이 하는 말의 특징이 담겨 있기도 하지만, 남성이나 여성에 대한 우리 사회의 가치관과 고정관념이 담겨 있기도 해요. 간단한 문제를 내 볼게요.

아버지와 아들이 서울 여의도에 있는 국회의사당에 견학하러 갔어요. 마침 국회의원들이 회의장으로 들어가고 있기에 아버지와 아들은 한쪽에 서서 국회의원들을 바라보고 있었어요. 그때 지나가던 국회의원 중 한 명이 아들을 보고 다가오더니 "우리 아들 왔구나"라고 말했어요.

그렇다면 그 국회의원과 이 아들은 어떤 관계일까요. 아마 어떤 이에게는 너무나 쉬운 문제일지 모르지만, 어떤 이에게는 잘 이해가 가지 않는 상황일지도 모르겠어요. 답은 어머니와 아들 관계랍니다. 아버지와 아들이 국회에 갔고, 국회의원인 어머니를 만난 상황이에요.

이 문제가 이상하다고 고민했던 이들은 알게 모르게 국회의원은 모두 남자라는 선입관을 가지고 있었기 때문이에요. 우리 사회가 가지고 있는 남녀의 역할에 대한 고정관념이 반영된 것이지요. 이 책을 읽는 이들은 대부분 정확하게 답을 맞혔을 수도 있어요. 한때 이와 비슷한 이야기가 초등학교 교과서에 실려 있었기도 했고요. 어쩌면 이런 문제를 낸 저의 고정관념일 수도 있어요(아마 부모님은 여러분보다 더 어려워할 수도 있어요).

하나만 더 해 볼까요. 다음 직업들을 들었을 때 각각 남성이 떠오르나요, 여성이 떠오르나요.

간호사

과학자

국방부 장관

마트 계산원

변호사

비서

우주 비행사

택배 기사

의사

사람마다 다르겠지만, 특정한 직업에 특정한 성이 떠올랐다면, 우리 사회에서 직업에 따라 성의 역할이 다르다는 것을 보여 주는 것이에요. 여성 의사에 대해서 흔히 '여의사'라고 하잖아요. 사실 의사는 원칙적으로 말하자면 남자 의사와 여자 의사를 다 가리키는 말이어야 합니다. 하지만 '여의사'라는 말은 자연스럽게 들리는데, '남의사'라는 말은 어딘가 어색합니다. '의사'라는 단어는 '여의사'와 '남의사'를 모두 가리켜야 하는데도 남자 의사를 가리키고 있어요. 기본적으로 의사는 남자이어야 한다는 선입관이 있는 것입니다.

이처럼 남성과 여성 모두를 가리키는 단어가 남자만을 가리키는 직업에서는, 여성을 가리키는 경우에 쓸데없는 군더더기를 덧붙입니다. 예를 들어 총리, 장관, 교수, 검사, 작가는 남녀를 포괄하는 명칭이지만 남자에게만 주로 쓰이고 여자의 경우에는 '여성 총리, 여성 장관, 여교수, 여검사, 여류 작가'와 같이 무엇인가 덧붙이는 경우가 많지요. 직업의 명칭 앞에 '여-' 또는 '여성, 여자, 여류' 등을 덧붙여서 표현한다면, 지금까지 그 직업에서 여성의 참여 비율이 매우 낮았다는 사실을 보여 주는 것이에요. 이러한 예들에 대한 남성형을 '남성 총리, 남성 장관, 남교수, 남검사, 남류 작가'라고 하면 이상하게 느껴져요.

초등학교에 다닐 때에 보았던 어린이 신문의 이름을 기억하시나요. 어린이 신문 중에는 '소년○○일보'라는 이름을 가진 것이 있어요. 이 신문의 제목이 이상하지 않은가요? 오직 '소년'만을 위한 신문이 아닐 텐데, 또 '소녀○○일보'가 따로 있는 것이 아닐 텐데, 왜 이런 이름이 붙었을까요. 지금까지 이런 문제를 느끼지 못했다면 이미 어느 정도 고정관념에 빠져 있었는지도 몰라요. 여기서도 남성을 가리키는 '소년'이라는 단어가 남성과 여성을 모두 가리키고 있어요.

　이 외에도 이와 같은 예는 많이 있어요. 청소년은 젊은 남녀 모두를 가리키지요. 만화영화 「독수리 오형제」에는 여성이 포함되어 있지만, 그래도 독수리 오'형제'예요.

그리고 남성과 여성을 배치할 일이 있으면, 남성을 앞세우는 것도 남성이 여성보다 앞서야 한다는 일종의 차별에서 비롯된 것입니다. '소년 소녀, 자녀 교육, 신랑 신부, 장인 장모'를 보세요. 심지어는 사람 이름도 '갑돌이와 갑순이'로 되어 있고 '남녀평등'이라는 단어조차도 남자가 앞서고 있어요. '암수, 처녀 총각, 시집 장가'라는 말도 있기는 하지만 그 수는 현저하게 적지요. Ladies and gentlemen이라는 영어 표현도 우리말로 번역되면 '신사 숙녀 여러분'이 돼요.

또한 '노총각, 아저씨'가 가진 어감은 '노처녀, 아줌마'라는 단어가 가진 어감과는 아주 달라요. '노총각'보다는 '노처녀'에 더 부정적인

어감이 있잖아요.

　방송 드라마에서 또는 외국 드라마 더빙에 등장하는 남녀 사이에 호칭이나 동사의 어미를 관심 있게 살펴보세요. 많은 경우에 남편은 아내에게 말을 낮추고 반말이나 '해라'를 사용하는 경우가 많고, 아내는 남편을 높여 부르고 '해요'라고 존댓말을 쓰는 경우가 많아요. 이러한 현상은 남성보다 낮은 여성의 사회적 지위 혹은 여성 비하 의식이 우리가 쓰는 말에 담겨 있음을 드러내는 것입니다.

　언어는 사회를 반영하는 것이에요. 따라서 말에는 그 사회가 가지고 있는 가치관이 담겨 있어요. 그러므로 단어 하나를 사용할 때에도 알게 모르게 고정관념이 반영되어 있다는 사실을 깨닫고, 또 그런 사회를 바꾸려는 노력이 중요해요. 앞으로 직업 선택에 있어서 여성과 남성이 동등하게 되면 자연스레 이러한 차별은 사라지게 될 겁니다. 하지만, 거꾸로 이런 용어를 없애 가는 것이 고정관념을 바꾸어서 그러한 차별 없는 세상을 앞당길 수도 있어요. 이러한 점에 대해서는 '말은 힘이 세다!'에서 다시 살펴볼게요.

말은 힘이 세다!

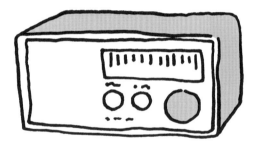

## 말은 행동을 요구하고, 결정을 내린다

말은 겉에 드러난 표현과 다르게 어떤 행동을 촉구하는 경우가 있어요. 선생님께서 교실에 들어와서 "교실이 이게 뭐냐?"라고 물어보셨다면 교실에 무엇이 있는지 묻는 것이 아니에요. 교실이 지저분하니까 청소하라는 뜻이 포함되어 있어요. "저것 봐라. 교실 구석에 웬 휴지가 저리도 많아"라고 말씀하시는데, "지금 빨리 치울게요"와 같은 대답을 하지 않고 "그렇네요. 정말 휴지가 많네요"라고 말만 한다면 선생님이 화를 내실 수도 있겠지요. 선생님의 말은 정보를 주기 위한 것이 아니라, 행동을 요구하는 것이니까요.

그러니까 "방이 매우 덥네요"라고 말을 들으면, "그러게요. 이제 여름인가 봐요"라고 말해야 할 때도 있지만, "창문 좀 열까요"라고 답을 해야 할 때도 있어요. 이 말은 방이 덥다는 사실을 알려 주기 위한 것이 아니라 창문을 열어 달라는 완곡한 표현일 수도 있기 때문이에요. 일요일 아침에 늦잠을 주무시는 아빠에게 달려가 "아빠, 오늘 날씨가 참 좋아요"라고 말하는 것도 오늘 날씨를 알려 주는 것보다는 "아빠, 우리 놀러 가요"라는 요청이 담겨 있는 거예요.

이처럼 말의 겉모습은 그저 지식이나 정보를 주고받는 것처럼 보이지만, 실제로는 어떤 행동을 해야 하는 경우가 많아요. 이를 정확하게 파악하고 이해하는 것도 말을 하는 능력일뿐더러 의사소통을 원만하게 하는 데에 꼭 필요한 일입니다. 그렇기에 누군가가 "실례지만, 화장실이 어디 있는지 아세요?"라고 물어보았을 때 "네, 당연히 알지요"라는 답을 한다면 의사소통이 되지 않겠지요. 또 "지금이 도대체 몇 시니?"가 단순히 시간을 물어보는 말이 아니라는 것도 이제 확실하게 이해할 수 있겠지요.

말은 이렇게 행동을 요구하지요. 말의 힘 한 가지를 더 알아볼게요. 지금 두 사람이 결혼식을 하고 있어요. 언제부터 이 사람은 부부일까요? 결혼하러 들어가는 순간일까요, 아니면 결혼식을 끝내고 나올 때일까요. 어떤 결혼식이든 거의 모두 다음과 같은 문장은 꼭 들어 있어요. 그래요. 결혼식을 하고 있는 두 사람이 정식으로 부부가 되는 때는 바로 그 결혼을 주례하는 분이 아래와 같은 말을 하는 그 순간이에요.

이제 신랑과 신부는 일가친척과 내빈을 모신 자리에서 일생 동안 고락을 함께할 부부가 되기를 굳게 맹세하였습니다. 이에 이 혼인이 원만하게 이루어진 것을 여러분 앞에 엄숙히 선언합니다.

법원의 판결문도 그렇죠. "본 법정은 피고에게 무죄를 선고한다"라고 말하는 순간 사건의 피고인은 죄가 없다는 사실이 결정됩니다. "당신을 우리 모임의 회장으로 임명합니다"라고 말하면 이 말을 들은 사람이 그때부터 회장이 돼요. "내일은 너랑 꼭 놀러 갈게"라는 말을 통해서야 비로소 무엇인가에 대한 진정한 약속이 이루어지는 것이지요. 또한 "생일 축하해" 또는 "미안해"라고 말할 때 내가 축하를 하고 또 사과를 하는 것입니다.

이처럼 연속되는 시간 속에서 말을 통해서 그 이전과 그 이후가 구분이 되는 것이에요. 말은 실제 세계에 무엇인가를 불러일으켜서 그 순간 결정하는 힘을 갖고 있습니다.


## 혼잣말은 나를 바꾼다

말이 일을 시키고 결정하는 일은 꼭 다른 상대가 있어야 이루어지는 것은 아니에요. 때로 큰 소리로 하는 혼잣말도 자신에게 일을 시키고 일을 결정합니다. 아침에 집을 나서면서 "오늘 느낌 좋은데. 오늘 하루도 좋은 일이 생기면 좋겠다"라고 말한다거나, 중요한 시험을 앞두고 자신에게 "너는 할 수 있어. 걱정하지 마"라고 말하잖아요. 발표하러 나가면서, "서두르지 말고 천천히 말하고, 한마디 할 때마다 청중을 바라보는 거야"라고 말하기도 하지요.

이같이 말을 하는 것은 앞서 우리가 살펴보았듯이 의사소통도 아니고, 협력을 위한 것이나 지식 전달도 아니에요. 그저 자신에게 말을 하는 것이니까 어떻게 생각하면 아무 쓸모 없는 행동인 것 같기도 해요. 하지만, 이와 같은 '자기 대화'는 우리의 기분이나 행동에 커다란 차이를 가져옵니다. 즉, 혼잣말을 하는 것은 스스로를 격려해서 자신의 행동에 영향을 끼치게 되고 행동을 더욱 활성화하는 힘이 있어요. 스스로의 행위를 지시하고 평가하게 되는 것이지요.

생각을 정리하게 해 주는 혼잣말도 있어요. 이를테면 어려운 수학 문제 같은 것을 풀면서 다음과 같이 혼잣말을 하기도 해요.

아~. 합성수를 소인수분해하려면 마지막 소수가 나올 때까지 계속 나누면 되는구나.

누군가에게 길을 물을 때에도 그 사람이 해 준 말을 반복하기도 하지요.

저 주유소 앞에서 왼쪽으로 꺾은 다음에 다시 또 좌회전하고 두 번째 신호등 앞에서 우회전하라는 말씀이지요.

이처럼 어려운 상황을 해결할 때나 또는 다른 사람들의 조언이나 발언을 되새길 때에도 자기 자신과 '대화'를 하면서 '생각'을 정리하게 됩니다. 이렇게 반복하면 기억을 더 잘할 수 있게 됩니다. 즉, 말을 하면서 머릿속에 이루어지는 '생각'의 과정을 다시 한 번 되새기는 것이에요.

또 지나간 일을 후회하는 혼잣말을 하기도 합니다. "그 시합에서 졌으니까 이제는 수비에 좀 더 치중해서 연습해야겠어"라든가 "이 바보야. 그때 그런 말을 하는 게 아니었어. 다음부터는 말을 할 때 한 번 더 생각할 필요가 있지 않을까" 같은 것이 그런 혼잣말이에요. 이 같은 혼잣말은 더 나아질 수 있는 방향으로 자신을 북돋아 주는 효과가 있어요. 혼잣말이 앞으로 더 열심히 할 수 있는 촉진제가 되는 것이지요.

이제부터 자기 전 침대에 누워서, 화장실 변기에 앉아서, 거울을 보며 양치질하면서, 집을 나서면서, 등교 직후 책상에 앉으면서, 스스로에게 큰 소리로 격려의 말을 해 보세요. 스스로에게 주는 '말의 힘'을 느껴 보세요.


## 말이 있어야 세상이 존재한다

사람은 생각을 말로 옮깁니다. 따라서 말을 하기 위해서는 먼저 생각이 있어야 해요. 아기들이 말을 하는 과정을 유추해 보면, 예를 들어 '배고프다'라는 생각이 먼저 생기고, 그 생각을 표현하기 위해 어떤 방식으로든 소리를 내는 것입니다. 그러니까 생각이 말로 구체화되는 것이지요. 하지만 일단 모국어에 익숙하게 되면 그때부터 말이 없이는 생각할 수 없게 됩니다.

우선 다음 시를 읽어 볼까요.

내가 그의 이름을 불러 주기 전에는
그는 다만
하나의 몸짓에 지나지 않았다.

내가 그의 이름을 불러 주었을 때
그는 나에게로 와서
꽃이 되었다.

내가 그의 이름을 불러 준 것처럼
나의 이 빛깔과 향기에 알맞는
누가 나의 이름을 불러 다오.
그에게로 가서 나도
그의 꽃이 되고 싶다.

우리들은 모두

무엇이 되고 싶다.

너는 나에게 나는 너에게

잊혀지지 않는 하나의 의미가 되고 싶다.


시인 김춘수의 「꽃」이라는 시예요. 우리나라 시인들이 가장 즐겨 읊는 시라고 합니다. 여기 눈앞에 꽃 한 송이가 있습니다. 가까이 가서 손으로 직접 만져 볼 수도 있고 코로 향기를 맡을 수도 있어요. 눈으로는 그 색깔의 아름다움을 느낄 수 있지요. 그런데 이 시를 노래한 시인은 내 눈앞에 멀쩡히 있는 꽃을 이름을 불러 주기 전까지는 그저 몸짓에 지나지 않는다고 말합니다. 도대체 이게 무슨 말일까요.

들판에 널려 피어 있는 꽃들은 그저 '이름 모를 꽃들'에 불과합니다. 그것은 그저 수많은 이름 없는 사물 중 하나입니다. 하지만, 내가 "이 꽃은 코스모스야" 또는 "이 꽃은 우리 사랑의 상징이야"라고 이름을 붙이는 순간 이제 그 꽃은 수많은 꽃 중 하나가 아니라, 나와 관계를 맺은 특별한 꽃이 됩니다. 내가 그 이름을 불러서 다른 존재와 구별하는 순간부터, 지금 눈앞에 있는 꽃 한 송이가 의미 있는 존재가 된다는 뜻이에요.

학기 초에 처음 만난 같은 반 친구들은 그저 수많은 친구들 중 하

나일 뿐입니다. 하지만 그 이름을 알게 되어 "저 아이가 한결이구나"
라고 인식할 수 있는 순간, 그 친구는 나와 새로운 관계가 되는 것이
에요. 이처럼 이름이란 사물과 관계를 맺으면서 그것을 다른 것들과
구별하고자 해서 붙이는 것입니다. 이름이 붙여지는 순간 존재하는
사물에 지나지 않던 것과 새로운 관계를 맺게 되고 새로운 의미가
생겨나는 것이지요.

　이렇게 이름을 붙임으로 해서 세상의 여러 존재와 거기에 이름을
붙인 사람 사이에는 어떤 관계가 생깁니다. 그리고 그 관계가 곧 그
들 사이의 '의미'가 됩니다. 실제 물리적인 세계의 존재 여부와 관계
없이 내가 붙인 이름, 즉 말을 통해서 관계가 생기고 의미가 생기게
되는 것이지요. 이게 '말의 힘'입니다. 앞에서 읽은 시는 우리에게 말
이 가진 힘이 얼마나 중요한지를 알려 주고 있어요. 말을 통해서 새
로운 관계를 만들어 나갈 수 있는 힘 말이지요.

　중국의 고전인 『도덕경』에도 비슷한 표현이 있어요.


이름이 없으면 천지의 시초이고
이름을 붙이면 만물이 모습을 드러낸다네.


그러므로
이름을 붙이지 않으려고 하면 그 오묘함을 보게 되고

이름을 붙이려고 하면 그 쓰임새를 보게 되지.


無名 天地之始,
有名 萬物之母,


故
常無欲 以觀其妙,
常有欲 以觀其徼


여기서도 이름이 없으면 하늘과 땅의 원래 모습이지만, 이름을 붙여야지만 만물이 모습을 드러낸다고 해요. 비유를 들자면 우주가 어떻게 생성되었는지 어떻게 움직이는지 설명하기 위해서는 그것을 '빅뱅'이든 '블랙홀, 웜홀'이든 이름을 붙여야지만 우리의 생각 안으로 들어온다는 것이에요. 일단 말로 표현되어야지만 인식과 사유의 대상물이 된다는 것이지요. 그러니까 사람은 말로 표현될 수 있는 것만 생각할 수 있고 인식할 수 있고 그에 대하여 토론할 수 있어요.

말이 없으면 생각의 범위가 대폭 좁아질 수밖에 없습니다. (다만, 이 대목은 『도덕경』의 첫 부분에 등장하는 것으로 이해하기가 매우 어려워서 많은 분들이 다양한 해석을 하고 있는 부분입니다. 그러므로 이와 다른 해석이 얼마든지 있다는 것은 잊지 마세요. 나중에 생각이 더 깊어지면 여러분도 자신의 해석을 해 보세요.)

이와 같은 생각의 예로서, 어렸을 때 좋아했던 공룡 이야기를 해 볼까요. 1822년 세계 최초로 공룡 화석을 발견한 사람은 영국의 생물학자 맨텔입니다. 이후 평생 동안 그 화석을 연구했지만 맨텔은 그것이 거대한 도마뱀의 화석이라고 생각했어요.

후에 오언이라는 다른 생물학자가 화석의 뼈를 조사해 본 후 기존의 파충류와는 다른 형태를 가지고 있었다는 것을 알아내고는 '다이노소어(dinosaur; 공룡, 恐龍)'라는 이름을 붙였어요. '무서울 만큼 거대한'이라는 뜻을 가진 단어와 '도마뱀'이라는 뜻을 가진 단어를 합친 단어예요. 그래서 안타깝게도 맨텔은 최초의 공룡 발견자로 기록될 뿐 공룡에 대한 모든 영예는 오언에게 돌아가고 말았어요. 자신이 발견한 것을 도마뱀이라고 생각하였기에 맨텔의 연구는 그 한계를 벗어나지 못한 것이에요. 공룡 화석은 이미 존재하고 있었지만, 이름을 붙여 주었을 때야 비로소 그 화석이 진정한 의미를 가지게 된 것이랍니다.


## 말은 세상을 다르게 보게 한다

지금까지 살펴보았듯이 우리는 말의 도움을 받아야지만, 생각을 훨씬 쉽게 할 수 있게 돼요. 이처럼 생각을 도와주는 말은 우리의 생각에 영향을 미칠 수도 있어요. 세상을 바라보는 방식은 때로 언어에 영향을 받는다는 뜻이에요. 그래서 사피어와 워프라는 언어학자들은 "인간은 언어가 분절해 주는 대로 세상을 바라본다"라고까지 말하기도 했어요. 좀 과장되기는 하였지만, 인간이 사물을 인식하는 방식에 말이 얼마나 중요한지를 보여 주는 말이에요.

일이 바쁠 때에 집안일을 도와주시는 분들을 예전에는 '식모'라고 했어요. 그러다가 '가정부'라고 부르기도 했고, '파출부'라고 부르기도 했지만 요새는 '가사도우미'라고 불러요. '식모'라고 부르는 것과 '가사도우미'라고 부르는 것은 크게 느낌이 다르지요. 식모라고 부르면 그 사람을 하대하거나 무시하는 느낌이 있지만, 가사도우미라고 부르면 하나의 직업으로서 공정하게 대하는 느낌이 들어요. 앞에서 우리는 이름을 붙였을 때 대상의 본질이 드러남을 살펴보았잖아요. 여기서도 그 대상의 이름을 어떻게 붙이느냐에 따라 대상을 대하는 태도가 달라진다는 것을 알 수 있어요. 말에 따라 우리의 생각이 변하는 것입니다.

목욕탕에서 때를 밀어 주는 분을 가리켜 '때밀이'라고 표현할 때와 '입욕보조원, 목욕관리사'라고 표현할 때에 그 직업에 대한 우리의 생각이 달라져요. 요새는 몸을 씻겨 준다는 의미에서 '세신사(洗身士)'라고 부르는 곳도 있더라고요. '간호부'가 '간호원'을 거쳐 '간호사'가 된 것이나, '감옥, 형무소' 대신 '교도소'라는 말을 쓰게 된 것도 이런 생각의 차이를 반영한 것입니다. 좀 어려운 말이기는 하지만, '조현병(調絃病), 뇌전증(腦電症)'이 어떤 단어 대신에 사용되는지 직접 찾아보고 원래 이름과 그 느낌을 비교하여 보세요.

또 다른 예를 들어 볼게요. 미국이나 독일, 프랑스 어린이가 자릿수 개념을 인식하는 비율이 한국, 중국, 일본의 어린이들이 자릿수를 인식하는 비율보다 훨씬 낮은 것으로 보고되었어요. 그러니까 동양 삼국의 어린이가 훨씬 빠르게 자릿수의 개념을 인식하는 것이지요. 그래서 12+13=25와 같은 덧셈을 계산할 때 동양 삼국의 어린이가 서양의 어린이들보다 더 빠르게 할 수 있다고 합니다.

동양 어린이들이 서양 어린이보다 머리가 더 좋은 것일까요. 물론 그런 경우도 있을 수는 있겠지만, 여러 번 반복해서 조사해 본 결과 문제는 바로 언어에 있었어요. 십보다 큰 숫자를 동양 언어에서는 자릿수마다 하나씩 끊어 읽지만, 서양 언어에서는 완전히 새로운 단어를 쓰잖아요.

예를 들어 한국어에서 12를 '십이' 또는 '열둘'로 읽지만 영어에서는 twelve와 같이 별개의 단어가 필요합니다. 13도 '십'과 '삼'의 결합으로 이해하는 것과 thirteen과 같이 새로운 단어로 이해하는 것은 크게 달라요. 그래서 동양에서는 12에다 13을 더한다면 이를 각각 십과 이, 십과 삼로 끊어 읽으므로 십진법의 연상 과정이 머릿속에서 자연스럽게 떠오릅니다. 하지만, 서양의 언어에서는 이 같은 과정이 더 복잡하게 이루어져요. 그래서 자릿수를 이해하는 능력에 차이가 생겼다고 해요. 사고 능력이 언어에 영향을 받을 수도 있음을 보여 주는 예입니다.

우리는 누구나 무지개 색깔이 일곱 개라고 알고 있어요. 하지만 제가 예전에 중국 내몽골 지방에 가서 어윙키어를 조사할 때였어요. 미리 준비해 간 무지개 사진을 펴 놓고 어윙키족 할아버지에게 무지개 색깔이 몇 개냐고 물었더니 그분은 너무 당연하다는 듯이 무지개 색깔을 네 개라고 하면서 그 색깔을 불러 주시는 것이었어요.

무지개 사진을 한번 찾아보세요. 네 개라고 생각하고 보면 네 개처럼 보이기도 해요. 사실 우리도 일곱 개라고 하지만, 자세히 보면 빨간색과 주황색 사이에 빨강도 아니고 주황도 아닌 부분이 있잖아요. 그리고 보면 우리가 '무지개 색깔은 일곱 개다'라고 생각하는 것은 실제 물리적인 자연을 관찰해서 얻은 지식이 아니라는 것을 알 수 있어요. 이는 '지구는 태양 주위를 돈다'와는 다른 종류의 지식인 것이죠. 빨간색과 주황색 사이의 그 어중간한 색을 부르는 이름이 한국어에 없기 때문에 우리는 그 색깔을 볼 수는 있지만, 생각할 수 없는 것이에요. 이것이 바로 말이 인간의 생각에 영향을 끼치는 것이에요.

이상하게 느껴지나요. 그러면 다른 예를 또 들어 볼게요. "우리들 마음에 빛이 있다면 여름엔 여름엔 파랄 거예요"로 시작하는 '파란 마음 하얀 마음'이라는 노래를 알겠지요. 이 노래 가사대로 빛이 있다면 "파랗게" 되는 우리들 마음을 영어로 옮기면 과연 무슨 색인가요. 그러니까 우리들 마음이 green일지 아니면 blue일지 다음을 읽기 전에(또는 노래를 부르기 전에) 잠시 생각해 보세요.

우리들 마음에 빛이 있다면
여름엔 여름엔 파랄 거예요
산도 들도 나무도 파란 잎으로
파랗게 파랗게 덮인 속에서
파란 하늘 보고 자라니까요

어때요. 우리들 마음이 산과 들, 나무와 같다면 green일 것이고, 파란 하늘을 보고 자란다면 blue가 돼요. 그러니까 우리들 마음에 빛이 있다면 여름에는 green도 되고 blue도 되는 것이지요. 그렇다면 이 가사를 잘못 지은 거라고 할 수 있나요. 그동안 이 노래를 부르면서 이상하다고 느끼지 않았잖아요.

사실 우리말에서 '파랗다, 푸르다'는 green과 blue를 모두 가리키는 단어예요. "푸른 하늘 은하수에 하얀 쪽배에"라는 동요 가사와 "저 푸른 초원 위에 그림 같은 집을 짓고"라는 옛날 유행가 가사처럼 말이에요. 하늘도 푸르고 초원도 푸르다고 말해요. 그렇다고 해서

한국 사람들이 green이 나타내는 색과 blue가 나타내는 색을 구별하지 못하는 것은 아니에요. 다만 한국어에 두 색을 하나로 불러 왔을 뿐이에요. 바로 말이 우리가 세상을 바라보는 방식에 영향을 미치는 것이지요. 아직도 이상한가요. 그럼 다음 노래들을 다시 한 번 불러 보세요.

날아라 새들아 **푸른** 하늘을

달려라 냇물아 **푸른** 벌판을

오월은 **푸르**구나 우리들은 자란다

오늘은 어린이날 우리들 세상

— '어린이날 노래' 중에서

외로워도 슬퍼도 나는 안 울어

참고 참고 또 참지 울긴 왜 울어

웃으면서 달려 보자 **푸른** 들을

**푸른** 하늘 바라보며 노래하자

내 이름은 내 이름은 내 이름은 캔디

— '들장미 소녀 캔디' 중에서

우리는 오랫동안 green과 blue를 하나의 단어로 사용하고 있었다는 것을 확실히 이해했을 것이에요. 그리고 말이 우리의 생각에 영향을 미쳐 왔다는 것도 더 잘 알게 되었을 거라고 생각해요. 그리고 이제 신호등의 건너가는 불을 왜 '파란불'이라고 부르는지 설명할 수 있을 거예요.

그렇다고 한국어가 이상한 것은 아니에요. 언어마다 세상을 바라보는 시각은 달라요. 이를테면 우리는 green과 blue를 하나의 단어로 이해해 왔지만, 영어에서는 '덥다'와 '맵다'를 모두 hot이라는 하나의 단어로 표현하고, '가지고 가다'와 '데리고 가다'를 모두 take로 나타내고 있어요. 또 일본어에서는 사람이나 동물이 있는 것을 '이루(いる)'라고 하고, 물건이 있는 것을 '아루(ある)'라고 해서 각각 다른 단어로 나타내요. 한국어와 영어에서는 둘 다 '있다' 또는 be로 표현하는 것과는 달라요.

또한 한국어에서는 나보다 나이가 많은 남자 형제를 '형'과 '오빠'로 구분하지만, 영어나 일본어에서는 각각 brother와 '아니(あに)'처럼 한 단어로 나타냅니다. 또한 영어의 brother는 나이와 상관없이 모두 쓸 수 있지만, 일본어에서는 남자 동생을 가리키는 단어 '오토(おと)'가 따로 있습니다.

이처럼 언어마다 세상을 바라보는 시각이 다르고, 그러한 시각이 언어에 반영되어 있는 것이지 어떤 언어가 더 좋고 나쁘다고는 말할 수 없어요. 어쨌든 우리는 모국어가 구분해 주는 대로 세상을 바라

볼 뿐이에요.

그래서 철학자 비트겐슈타인은 "나의 언어의 한계는 나의 세계의 한계이다"라고 말하기도 했어요. 이 말에는 여러 가지 깊은 뜻이 있지만, 언어학자인 저는 이 말을 "내가 세상을 바라볼 수 있는 능력은 내가 사용하는 언어능력에 좌우된다"라고 이해해요. 그래서 사람은 말을 이용하여 생각하게 되고, 아무리 머리가 좋다고 해도 언어 구사력이 떨어지면 수준 높은 사고를 할 수 없다는 결론에 이릅니다. 인간이 생각하는 방식이 그가 사용하는 언어의 수준을 넘어서지 못하는 것이에요.

## 말은 생각을 바꾼다

조지 오웰이라는 영국 작가의 소설 『1984년』에는 말을 통제해서 사람의 생각을 통제하는 전체주의 사회에 대한 이야기가 실려 있어요.

'자유로운(free)'이라는 단어는 신어에도 있지만, 그 말은 다만 '이 개는 이가 없다(This dog is free from lice)'라든가 '이 들판에는 잡초가 없다(This field is free from weeds)'와 같은 문장에서의 의미로만 쓰인다. 'politically free(정치적 자유)'라든지 'intellectually free(지적 자유)'란 옛날의 뜻으로는 사용될 수 없었다. 왜냐하면 정치적, 정신적 자유란 개념조차 존재하지 않으므로 그런 말을 없앨 필요가 있기 때문이다. 이단(異端)의 뜻을 가진 단어를 억제하는 문제를 떠나, 단어 수를 줄이는 것은 그 자체대로의 목적이 있고 그리하여 없이도 지낼 수 있는 말들은 모두 없애 버렸다. 신어는 사고 영역을 넓히기 위해서가 아니라 '줄이기' 위해서 만들어진 만큼 이러한 목적은 단어의 선택을 최소한도로 줄임으로써 간접적으로 촉진되는 것이다.

이 소설에는 생각이나 개념이 말에 의존한다고 생각하는 집단이 등장합니다. 그들은 말이 사라지면 그 생각과 개념이 사라진다고 하여 말을 통제합니다. '자유'라는 단어를 사용하지 않으면 더 이상 자유에 대해 생각할 수 없기 때문에, 사람들은 자유를 원하지 않으며 원할 수도 없다고 생각하는 것이지요. 그래서 그들은 '자유'라는 단어의 뜻을 매우 제한하여 사용하게 만들어요. 그 사회에서는 이제 정치적인 자유나 사상의 자유라는 말은 사용할 수 없게 된 것이지요.

그들은 이단적인 생각이나 행동을 나타내는 말도 아예 없애 버렸어요. 그들이 다스리는 이러한 체제를 부정하기 위해서는 '나쁘다, 반대한다'라는 말이 필요한데, 이런 단어들을 아예 없애 버려서 그런 말을 쓸 수도 없을 뿐만 아니라 머릿속에서도 제거해 버리겠다는 생각이에요. 말을 통해서 사회를 통제하고 그 사회 속의 인간을 통제하겠다는 것이지요. 그들은 말을 통제할 수 있다면 우리 생각을 통제할 수 있다고 믿고 있어요.

이런 세상은 그저 소설에만 등장하는 이야기일 수도 있어요. 하지만 이 정도까지는 아니더라도 부정적인 어감을 주는 말을 바꾸어서 그 말이 가진 부정적인 느낌을 완화하려는 시도는 실제로도 자주 일어나고 있어요. 어떻게 말을 붙이느냐에 따라 인식과 이미지가 달라지는 것이지요.

예를 들어 볼게요. 미국의 양대 정당인 민주당과 공화당은 기업들이 내는 세금을 더 거둘 것인가 아니면 세금을 더 깎아 줄 것인가에 대해 서로 다른 입장이었어요. 한쪽에서는 기업이 내는 세금을 늘려서 복지 재원을 늘리자는 입장이고, 또 다른 한쪽에서는 기업이 내는 세금을 깎아 주어서 기업들 자발적으로 투자를 늘리고 일자리를 늘리자는 입장이지요. 이를 요약하면 각각 '기업 증세'와 '기업 감세'의 대립이라고 볼 수 있어요.

그런데 '기업 감세'를 주장하던 측에서는 그 단어 대신에 '세금 구제(tax relief)'라는 단어를 사용하기 시작해요. 사실 '세금'이라는 단어와 '구제'라는 단어는 전혀 연관성이 없지요. 하지만, '구제'라는 말은 마치 불의와 억압으로부터 건져 낸다는 뉘앙스를 가지고 있어요. 그래서 '세금'이라는 단어가 '구제'라는 단어와 함께 사용되면서부터, '세금'이란 것이 옳지 않은 것이라는 느낌을 전달하게 돼요. 기업의 세금을 줄이는 것을 '세금으로부터 구제'라고 규정함으로써 그때부터 감세안에 반대하는 세력은 본질적으로 나쁜 세력이 되는 것이고, '세금 구제'를 주장하는 세력은 옳고, 불의와 억압에 대항하는 영웅의 이미지를 가지게 된 것이지요.

실제 어떤 정책이 나라에 더 합당한지 아닌지를 논쟁하기 위해서는 그 정책이 가진 장단점을 잘 비교해야 하잖아요. 하지만, 이미 '세금 구제'라는 단어를 선택함으로써 실제 정책의 장단점과는 상관없이 말이 주는 이미지를 통해 어느 쪽이 더 옳은 정책인지가 결정되어 버렸어요. 기업으로부터 세금을 더 거두어 복지 재원을 늘리고 사회적 약자를 배려하자는 진정한 주장은 사라지고 고통으로부터 구제해 주는 것에 반대한다는 느낌만 더 강화되는 것이지요.

더 큰 문제는 당시 '기업 감세'를 반대하던 정당에서조차도 '세금 구제'라는 단어를 그대로 사용하여 반론을 제기하였다는 것이에요. 아무리 타당한 근거를 대며 토론을 하더라도 상대방이 만들어 낸 단어를 계속 사용하는 한, 한번 굳어진 단어의 이미지는 바꾸기 어려워요. 그 정당이 정권을 잡지 못한 것은 당연한 일이었지요.

이때부터 사람들은 상대편에 반대하는 주장을 펼치려면 상대편의 언어를 사용하지 말라는 원칙을 깨닫게 됩니다. 상대편의 언어는 그들의 생각, 사고방식을 끌고 들어

올 뿐, 결코 내가 원하는 생각, 사고방식으로 작동하지 않는다는 것을 알게 된 것이지요. 이후 이러한 상황을 미국 사회에서는 "코끼리는 생각하지 마"라는 경구로 정리했어요. 코끼리를 떠올리지 말라는 말을 듣는 순간 오히려 더 많이 코끼리를 생각하게 된다는 것이에요(코끼리는 미국 공화당의 상징 동물입니다).

이 경구는 상대방의 의견을 반박한다고 해도, 상대방이 사용하는 언어로 한다면 오히려 상대방 의견을 강화시키는 결과를 낳는다는 뜻입니다. 상대방의 생각을 변화시키고 설득하려면 무엇보다 먼저 언어를 사용하는 법을 이해해야 한다는 것입니다.

이와 같은 예는 정치권에서 특히 많이 찾아볼 수 있어요. 같은 현상을 놓고 '지구 온난화'라고 부르면 부정적인 느낌이 들지만, '기후 변화'라고 부르면 당연하거

나 흔히 있는 일처럼 느껴지는 것이에요. 실제로는 더러운 공기를 더 많이 만들고, 숲의 파괴를 촉진하는 개발을 허용하고 공교육을 붕괴시키는 정책이 담긴 법안들을 '깨끗한 하늘 계획, 건강한 숲 프로젝트, 낙오자 없는 교육' 등으로 부르는 일도 마찬가지 방법입니다.

다음 기사에서도 이처럼 말을 바꿈으로써 사람들의 생각에 영향을 미치려는 시도를 소개하고 있습니다.

> 미 정부는 '자살'을 '자해 행동'으로 바꾼 데 이어 대 테러전 용의자를 '적 전투원'으로 수감하는 데 대해 위헌 문제가 제기되자 이를 '핵심적 안보 피수용자'로 고쳤다. 공화당은 부자들에게 거부감을 주는 '유산세'를 '상속세'로 바꿔 폐지를 주장하고 있고, 민주당은 귀에 거슬리는 '낙태'라는 단어 대신 '선택'이라는 단어를 사용한다. 농무부는 기술적 정확성을 기한다는 의도에서 '굶주림'이라는 단어 대신 '식량 불안'을 사용한다.
>
> ─ 중앙일보 2006년 11월 28일자 기사 중에서

우리나라에서도 그 정책의 본질과는 상관없이 '세금 폭탄'이라는 말을 지어내어 사람들의 생각을 호도하기도 했어요. 복지라는 것은 우리가 낸 세금으로 이루어지는 것이므로 당연히 누려야 할 것이에요. 그런데도, '복지'라는 말 앞에 '무상'이라는 말을 붙여서, 복지는

어떤 일에 대한 대가로 주어지는 것 같은 분위기를 만들었어요. 그래서 복지를 요구하는 사람은 마치 공짜로 얻으려고 떼를 쓰는 사람이라는 이미지를 만든 것도 바로 말이 가진 힘을 악용한 것이에요.

강 양쪽 변과 바닥에다 콘크리트를 사용하고, 습지를 없앤 공사를 하면서 '녹색 성장'이라고 한다거나 방사능의 위험이 있는 원자력발전소를 건설하면서 '청정 에너지'라고 하는 경우도 있었어요.

이제 말은 단순한 말이 아니라는 것을 이해할 수 있겠지요. 본질은 바로 그 안에 있는 생각이고, 말은 그러한 생각을 실어 나르는 역할에 불과하기는 해요. 그래서 더 중요한 것은 사회를 직접 바꾸는 일이겠지요. 사회의 가치관이 바뀌어야 그 가치관을 반영하는 말도 따라서 바뀌는 것입니다. 하지만, 말을 통해서도 생각이 바뀌고 사회의 가치관에 영향을 미치는 경우도 있다는 것입니다. 우리가 일단 말을 통해서 우리의 감정이나 생각을 표현하게 되면서, 말은 우리의 감정이나 생각을 바꾸는 도구로 바뀌게 돼요. 즉, 생각이 말을 낳지만, 일단 언어가 생각의 도구로 확립된 다음에는 말이 생각까지 바꾸는 것입니다. 말 없이는 생각할 수 없는 경우도 생기고, 말이 다르기 때문에 세상을 바라보는 방식이 달라지기도 한다는 말입니다.

철학자 하이데거는 "언어는 존재의 집"이라고 말했습니다. 언어가 존재의 집이라는 말의 뜻은 인간의 존재는 언어에 머물고 있다는 것이에요. 그래서 사람이라는 존재는 말을 통해서 세계와 사물을 인식

한다는 것이지요. 이처럼 말은 단순한 의사소통의 수단을 넘어, 사람의 생각을 길들이고 지배하게 돼요. 사람이 말을 부리는 것이 아니라 말이 사람을 부리게 됩니다. 언어가 우리의 행동이나 생각을 바꿔서 우리를 변화시키고, 또한 언어를 통해서 세상을 바라보는 방식이 변화하기도 한다는 사실을 이제 이해할 수 있겠지요. 이게 '말의 힘'입니다.

자, 여기까지 읽느라고 힘들었을 텐데, 잠깐 밖으로 놀러 갈까요. '하수종말처리장'에 가고 싶으면 오른손을 들고, '맑은물센터'에 가고 싶으면 왼손을 들어 보세요. 어느 손을 들었건 우리가 같은 곳에서 만나게 된다는 것쯤은 이제 알겠죠.

말은 끊임없이 변한다

## 지금도 변하고 있는 말

거울 앞에서 얼굴을 보세요. 어제의 얼굴과 다른 점이 있나요. 일주일 전의 얼굴과는 어떻나요. 우리가 쉽게 의식하지는 못하지만, 사실 우리는 매일매일 조금씩 변하고 있어요. 더 정확하게 말하면 매일 조금씩 '늙어 가고' 있는 것이지요. 영어에서도 "나는 15년 늙었다(I am 15 years old)"라고 하잖아요. 이러한 변화는 짧은 기간에는 잘 느껴지지 않아요. 하지만 10년 전 사진을 보면 자신이 얼마나 많이 변했는지 알 수 있을 거예요. 일주일 전에 깎은 머리카락이나 손톱이 자란 것을 보면 자신이 매일 변하고 있음을 알 수 있어요.

이처럼 세상 모든 것은 시간이 흐르면 모두 다 변하기 마련입니다. 말 또한 마찬가지예요. 철 지난 은어나 유행어를 쓰면 촌스럽게 느껴지기까지 하지요.

다음은 지금부터 400여 년 전 우리 선조들이 하던 말이에요.

A : 네 이리 한 인손듸글 비호거니 이 네 ᄆᅀᅩ모로 비호ᄂᆞ다, 네 어버ᅀᅵ

너를 ᄒᆞ야 비호라 ᄒᆞ시ᄂᆞ녀

B : 올ᄒᆞ니 우리 어버ᄉᆡ 나를 ᄒᆞ야 비호라 ᄒᆞ시ᄂᆞ다


무슨 외계어처럼 보이지요. 이 대화를 지금 말로 옮기면 다음과 같아요. 이것만 보더라도 옛날에 이 땅에서 쓰이던 말이 지금 우리가 쓰는 말과 아주 똑같았던 것은 아니라는 사실을 알 수 있어요.


A : 네가 이렇게 중국 사람에게 글을 배웠으니 이것이 네 마음으로 배운 것이냐, 네 부모가 너에게 시켜 배우라고 한 것이냐?

B : 맞아. 우리 부모가 나에게 배우라 시킨 것이다.


혹시 오래된 뉴스나 옛날 한국 영화를 보게 되면 나오는 말들을 유심히 들어 보세요. 여러분의 말과는 억양이나 말투가 조금씩 다를 거예요. 그리고 지금 쓰고 있는 말도 10년 뒤, 또는 20년 뒤에 들으면 그때의 말과는 다를 거라고 예측할 수 있어요. 이처럼 말은 지금도 변하고 있어요. 이는 한국어뿐만 아니라 세계 모든 언어에 다 해당됩니다. 영어 I love you도 14세기경에는 Iċ lufie þē[이히 루페 디]라고 말했다고 해요.

# 언어도 태어나고 죽는다

세상에 없던 언어가 새로 만들어지는 경우도 있어요. 한반도 내에서 사용되는 육지 말과 제주도 말을 예로 들어 볼게요. 이 둘은 모두 한국어라는 큰 범주에 속해 있어요. 하지만 어떤 이유에서 육지와 제주도가 서로 왕래 없이 오랜 세월이 지나갔다고 가정해 봅시다. 그 세월 뒤에는 육지 사람과 제주도 사람은 서로의 말을 이해하지 못하게 될 거예요. 이렇게 되면 한국어에서 갈라져 나온 제주도어라는 새로운 말이 세상에 생겨나는 것이에요.

이와 비슷한 상황이 한국어와 북한어, 그리고 중국에서 사용되는 조선어, 중앙아시아 한인들이 쓰는 고려어 등에서도 발생할 수도 있어요. 지금은 서로 교류가 빈번하게 이루어지고 있어 다른 언어로 갈라질 가능성은 훨씬 줄었어요. 그렇지만 아무런 접촉을 하지 않고 오랫동안 각자 생활한다면, 원래 하나의 언어에서 출발한 말들이 결국 여러 언어로 갈라지게 되겠지요.

현재 전 세계에서 사용되고 있는 언어는 대략 3천여 개가 넘어요. 하지만 이 모든 언어들이 처음부터 있었던 것이 아니라, 모두 이와 같은 과정을 거쳐 발생했어요. 원래는 아주 적은 수의 언어가 있었다가 한 언어를 쓰는 무리들이 분리되고 이동하는 과정에서 지금의 수많은 언어로 갈라진 것입니다. 예를 들어 영어, 독일어, 프랑스어,

이탈리아어, 스페인어 등 유럽에서 사용되고 있는 많은 언어들은 원래 하나의 언어였어요. 그리고 더 이전으로 올라가면 인도어, 이란어와도 하나의 언어였던 때가 있었다고 해요.

언어는 또한 죽기도 합니다. 어떤 언어가 죽는다는 것은 이 세상에 그 언어로 대화하는 이들이 없어졌다는 뜻이에요. 어린이들이 더 이상 그 언어를 배우지 않으면, 그 언어는 죽어 버리고 그저 책에만 남은 언어가 됩니다.

한때 세계를 지배했던 로마제국에서 널리 사용되었던 라틴어도 이제 죽은 언어가 되었습니다. 아메리카 대륙의 여러 원주민 언어들이 사라지고 있으며, 중국의 많은 소수민족들의 언어 또한 소멸 위기에 있어요. 우리나라에서도 제주도 방언을 비롯하여 여러 지역 방언들이 비슷한 운명에 놓여 있다고 할 수 있습니다. 이처럼 현재 세계에서 사용되는 3천여 개의 언어 중에서 절반가량이 사라질 위기에 처해 있다고 합니다.

왜 사람들은 자신의 모국어를 배우지 않고 사라지게 내버려 둘까요. 가장 큰 이유는 경제적인 이유예요. 언어를 사용하는 공동체 내에서 지배적인 위치에 있는 언어를 알아야지만, 일자리를 얻는 것이 더 수월하기 때문이지요. 예를 들어 아메리카 대륙에서는 영어, 스페인어 또는 포르투갈어를 잘해야지만, 더 많은 수입을 얻는 직업을 구할 수 있어요. 중국에서는 소수민족의 언어보다 중국어가 중요하게 생각됩니다. 우리나라에서도 지역 방언을 사용하는 것보다는 표준어를 사용하는 것을 선호하는 경향이 있잖아요.

최근에는 영어의 지배력이 점점 커지게 되면서 다른 언어들이 사용 빈도가 점차로 줄어들기도 합니다. 현재 15억 명 이상이 영어를 사용한다고 해요. 대부분의 인터넷 웹사이트도 영어로 작성되어 있고, 국제기구나 국제 학술지의 대부분도 영어를 주요 언어로 사용하고 있어요. 이처럼 세상 여러 곳에서 영어만 쓰려고 하게 되면서 지역의 고유한 언어들이 위험에 처해지는 것이에요.


## 세계의 언어가 하나라면 얼마나 좋을까

그러면 이번 기회에 아예 세계 어느 곳이든 영어만 쓰게 되면 어떨까요. 세계의 언어를 하나로 통일한다면 얼마나 좋을까 하고 생각해 본 적이 있나요. 영어 단어를 외우고 문법을 공부하는 일이 힘들어서 그런 생각을 해 보았을 수도 있어요. 그래요. 세계의 언어가 하나가 되면 여러모로 많이 편리할 거예요.

우선 외국어를 배우기 위해서 더 이상 고생할 일도 없어요. 이것만 생각해도 정말 멋지다는 생각이 들지요. 영어나 중국어 또는 다른 외국어를 배우기 위해서 많은 수고를 하지 않아도 되겠죠. 다른 나라를 여행할 때에도 말이 안 통해서 고생할 일도 없어요. 외국 드라마나 외국 소설도 굳이 통역이나 번역이라는 번거로운 절차가 없이 바로 이해할 수 있게 되겠지요. 얼마나 멋진 세상이 될까요. 언어를 단지 의사소통의 수단이라는 관점에서만 바라본다면, 언어는 하나로 통일하는 것이 좋을 것 같아요.

잠깐만요. 결론을 내리기 전에, 세계 언어가 하나만 남는다는 것이 과연 좋은 일인지 조금만 더 생각해 보아요.

우리가 사용하는 말에서 의사소통이라는 기능은 일부에 불과해요. 말은 우리의 생각과 느낌을 전달하는 수단이면서 동시에 그 말을 사용하는 사람들의 사고방식을 만드는 구실을 합니다. 인간은 언어를 통해 사고하고 세계를 바라보고 있다는 것을 앞에서도 살펴봤잖아요. 그러므로 말이 하나가 된다는 것은 모든 사람이 같은 틀로 세상을 바라보게 된다는 것을 의미해요. 그러면 이 세계는 단 하나의 가치관만 있는 하나의 틀에서 찍어 낸 공허한 기계들과 같은 세상이 될지도 몰라요. 이런 상황이 과연 좋을까요. 언어의 다양성을 지키는 일은 다양한 사고방식, 다양한 세계관을 지키는 일이에요.

또 인간의 말에는 그 말을 사용하는 사람들이 쌓아 온 수많은 역사와 문화, 삶과 자연에 대한 지식이 담겨 있어요. 한 가지 언어만 남는다면 인류가 오랜 기간 쌓아 온 소중한 유산과 지식이 소실될 수도 있어요.

예를 들어 볼까요. 타이완 앞바다에 있는 란위 섬에 살고 있는 야미족 사람들은 날치의 종류를 450종 이상으로 분류할 수 있다고 해요. 하지만 이러한 지식은 야미어로 되어 있어서 다른 말로는 번역이 불가능해요. 그러니까 그 언어를 말하는 사람들밖에는 알지 못하는 지식이라고 할 수 있어요. 야미족 사람들이 알고 있는 날치의 종류에 대한 지식이 지금 당장은 별 쓸모 없어 보일지는 모르겠어요. 하지만, 이러한 지식이 언젠가 인류에게 큰 도움이 될 때가 올 거예요. 2015년에 노벨생리의학상을 받은 중국인 투유유도 중국에서 자생하는 쑥에서 말라리아 치료법을 개발하여 수억 명의 생명을 살렸어요. 흔히 보아 넘기던 식물이 인류의 생존에 도움이 된 것이에요. 이처럼 지식의 가치는 지금 당장의 효용으로 판단할 수 없어요. 그리고 그런 지식은 대부분 언어로 전달되고 유지됩니다.

「인터스텔라」라는 영화에서도 지구 밖에서 인류가 생존할 방법을 찾고 있잖아요. 지금까지 인류가 쌓은 지식은 그 나름대로 대단하기는 하지만, 극히 작은 부분에 불과하지요. 아직 우리가 알지 못하는 수많은 지식들이 여러 전통 사회 안에 남아 있어요. 그리고 그러한 지식은 언어가 사라지면 같이 사라지게 돼요.

인간의 말에는 그 말을 쓰는 공동체가 그들이 겪은 세상을 이해하는 방식과 문제를 해결하는 방식이 담겨 있어요. 이러한 '지식의 도서관'을 잘 보존한다면 인류가 앞으로 당면하게 될 많은 문제들을 해결할 수 있는 통찰력을 얻는 데 도움이 될 것이에요.

## 말을 보존하는 길

그렇다고 해서 영어와 같은 외국어를 배우지 말라는 것은 아니에요. 외국어 학습은 매우 중요합니다. 세계의 여러 나라 사람들과 더불어 살아가기 위해서는 여러 외국어를 공부할 필요가 있어요.

하지만 모국어를 사랑하는 마음 또한 중요해요. 모국어를 쉽고 정확하고, 그리고 품격 있게 쓰려고 노력할 필요가 있어요. 또 지역 방언 역시 소중히 간직해야 해요.

프랑스 소설가 알퐁스 도데는 「마지막 수업」이라는 소설에서 다음과 같이 모국어의 중요성을 강조합니다.

모국어를 결코 잊어서는 안 된다. 비록 국민이 노예가 된다 해도 자기 말만 간직하고 있다면 감옥의 열쇠를 쥐고 있는 것이나 다름없다.

우리말 연구에 앞장섰던 언어학자 주시경 선생님도 다음과 같이 우리말의 중요성을 강조하고 있어요. 조금 길지만 천천히 읽어 보세요.

말은 사람과 사람의 뜻을 통하는 것이라.
한 말을 쓰는 사람과 사람끼리는 그 뜻을 통하여 살기를 서로 도와줌으로 그 사람들이 절로 한 덩이가 되고, 그 덩이가 점점 늘어 큰 덩이를 이루나니, 사람의 제일 큰 덩이는 나라.

그러하므로 말은 나라를 이루는 것인데, 말이 오르면 나라도 오르고, 말이 내리면 나라도 내리나니라.

이러하므로 나라마다 그 말을 힘쓰지 아니할 수 없는 바니라.

글은 말을 담는 그릇이니, 이지러짐이 없고 자리를 반듯하게 잡아 굳게 선 뒤에야 그 말을 잘 지키나니라.

글은 또한 말을 닦는 기계니, 기계를 먼저 닦은 뒤에야 말이 잘 닦아지나니라.

그 말과 그 글은 그 나라에 요긴함을 이루 다 말할 수가 없으나, 다스리지 아니하고 묵히면 덧거칠어지어 나라도 점점 내리어 가나니라.

말이 거칠면 그 말을 적는 글도 거칠어지고 글이 거칠면 그 글로 쓰는 말도 거칠어지나니라.

말과 글이 거칠면 그 나라 사람의 뜻과 일이 다 거칠어지고 말과 글이 다스리어지면 그 나라 사람의 뜻과 일도 다스리어지나니라.

이러하므로 나라를 나아가게 하고자 하면 나라 사람을 열어야 되고 나라 사람을 열고자 하면 먼저 그 말과 글을 다스린 뒤에야 되나니라.

또, 그 나라 말과 그 나라 글은, 그 나라 곧 그 사람들이 무리진 덩이가 천연으로 이 땅덩이 위에 홀로 서는 나라가 됨의 특별한 빛이라.

이 빛을 밝히면 그 나라의 홀로 서는 일도 밝아지고, 이 빛을 어둡게 하면 그 나라의 홀로 서는 일도 어두워 가나니라.

—「한나라말」

이런 말 써도 괜찮을까?

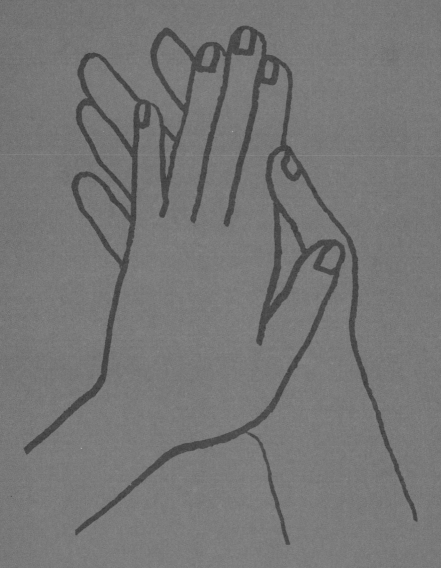

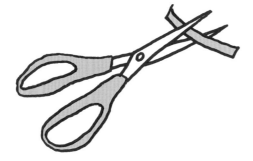

## 비어, 속어, 은어, 유행어, 신조어, 줄임말

시발 졸라 짜증 나.

골 때리네. 구라 치지 말고 주둥아리 닥쳐.

아 대박. 보자마자 심쿵했어. 뜻밖의 개이득.


요즘 이런 말들을 청소년의 언어라고 해서 언론이나 학교 선생님들이 많은 걱정을 하고는 합니다. 꼭 이런 말 자체는 아니더라도 이런 식의 말을 한 번쯤은 들어 봤겠지요? 어쩌면 평소에 즐겨 쓰고 있는지도 모르겠어요. 과연 이런 말들은 사용해서는 안 되는지, 얼마나 문제인지 또는 써도 괜찮은지 생각해 볼까요.

흔히 청소년의 언어 또는 십대의 언어라고 통틀어 가리키는 말들도 여러 종류가 있습니다. 이를 비어, 속어, 은어, 유행어, 신조어, 줄임말 등으로 나누어 살펴보겠습니다.

'비어'는 '낮은 말'이라는 뜻으로 주로 욕설을 가리키는 말이에요. '시발, 졸라' 같은 말은 모두 비어입니다. 이 말들은 차마 입에 담지 못할 만큼 부정적인 의미를 가지고 있어요. '속어'는 '속된 말'이라는 뜻으로 점잖지 못하고 품위가 낮게 느껴지는 말입니다. '골 때리다, 구라, 주둥아리' 등과 같은 단어를 속어라고 할 수 있지요. 물론 비어, 속어를 엄격하게 구분하기란 쉽지 않아요. 그래서 비어나 속어를 합쳐서 흔히 비속어라고 부르기도 해요. 비속어 중에는 어른 세대부터 오랫동안 사용되어 온 것도 있어요.

'은어'는 '숨은 말'이라는 뜻으로, 특정 부류의 사람들끼리만 사용하거나 이해할 수 있는 말입니다. '대박, 심쿵, 개이득' 등을 여러분 세대에서는 즐겨 쓰지만, 어른 세대가 이해하지 못한다면 이를 은어라고 할 수 있습니다. 사실 은어는 어디에나 있어요. 상인들의 말이나 군인들의 말과 같이 그 집단 내에서만 사용되는 단어가 있다면 그것은 은어예요. 특정 직업이나 전문가들만이 이해할 수 있는 말도 그 말들이 널리 퍼져 누구나 이해하기 전까지는 은어라고 할 수 있어요. 일반적으로는 특정 세대 사이에서만 사용되던 은어라 할지라도 어느 순간 널리 퍼져 누구나 이해할 수 있는 말이 되기도 합니다.

이렇게 되면 은어는 더 이상 숨은 말이 아니라 유행어가 됩니다. 유행어는 어느 한 시기에만 널리 쓰이는 말입니다. '솔까말, 스벅'과 같은 말을 처음 들었을 때에는 저도 전혀 이해할 수 없었어요. 이때는 은어라고 할 수 있지요. 하지만, 이 단어들은 이제 꽤 널리 알려져 있으므로 더 이상 은어라기보다는 유행어가 되었다고 할 수 있어요. 유행어는 시대에 따라 자주 바뀌어요. 한때는 '웬열, 야타족, 오렌지족, 방가방가, 하이루'와 같은 말이 유행하기도 했고, 또 한때는 '쩐다, 간지가 흐른다, 오나전, 지대, 안습, 빵꾸똥꾸'와 같은 말이 유행한 적도 있어요. 유행어는 기본적으로 어느 한 시기에만 사용되지만, 어떤 유행어는 오랜 시기 동안 사용되기도 합니다.

신조어는 '새로 생긴 말'이라는 뜻입니다. 은어는 특정 시기에 만들어지기 때문에 신조어입니다만, 신조어 중에는 과학기술 등이 발달함에 따라 만들어진 말도 포함되어 있으므로 신조어가 모두 은어라고는 할 수 없어요. 줄임말은 '준말'이라는 뜻이에요. 줄임말은 말을 짧게 함으로써 주어진 시간에 많은 정보를 전달하기 위한 방편입니다. 대한민국을 '한국', 문화체육관광부를 '문체부', 전국경제인연합회를 '전경련'이라고 하는 것은 모두 줄임말이지요. 비어, 속어, 은어 중에는 때로 긴 말을 짧게 줄여서 만드는 경우도 있습니다. 여러분이 쓰는(또는 한때 썼던) 줄임말 중에서 '버카충, 카톡, 치맥, 고터, 엄카, 베라, 갑툭튀' 등이 있어요. 특히 줄임말이 처음 사용될 때 그 말을 처음 듣는 사람이 그 뜻을 쉽게 알아차리지 못하는 경우에 일종의 은어가 됩니다.

정리하자면, 비어는 욕이고 속어는 품위가 낮은 말이며 은어는 특정 계층에서만 사용되는 말입니다. 은어는 보통 줄임말을 통해서 만들어지는 경우가 많으며, 널리 사용되는 은어는 유행어가 되기도 합니다. 비어와 속어는 모두 일상적인 대화에서 사용하는 것이 조심스러우므로 흔히 비속어라고 함께 불리는 경우가 많이 있습니다. 그래서 비어, 속어는 친구들 사이에서는 자연스레 쓸 수 있지만, 어른들 앞에서 사용하는 것은 조금 망설여지는 단어입니다. 특히 비어일수록 더 조심스럽지요. 하지만, 은어와 유행어는 어른 앞에서 사용하지 못할 정도는 아니라는 점에서 비속어와는 차이가 납니다.

## 은어와 비속어를 쓰면 어때

비속어와 은어는 아주 옛날부터 존재해 왔어요. 춘향전이나 마당극 같은 고전에도 많은 비속어가 나옵니다. 또한 조선 시대 개혁을 선도한 임금님으로 알려진 정조대왕도 신하에게 보낸 편지에서 '호로 자식', '입에서 젖비린내 나고 미처 사람 꼴을 갖추지 못한 놈' 같은 격한 표현을 사용하기도 했답니다. 저도 여러분 나이일 때에는 '꼬불치다, 꼽사리, 빡쎄다, 갈구다'와 같은 속어들을 썼어요. 이처럼 비속어, 은어가 널리 사용되는 이유는 이런 단어들이 가진 나름대로의 효과가 있기 때문이에요.

비어, 속, 은어가 주는 가장 큰 효과는 동질감과 친밀감이에요. 즉, 이 말을 사용하는 집단 내부에서는 같은 말을 쓴다는 동료 의식이 강해져요. 그래서 이 말을 쓰는 이들끼리 친밀감이 늘게 되지요.

처음에는 비속어나 은어를 쓰지 않으려고 하던 이들도 다른 친구들이 대화에 끼워 주지 않을까 봐 두려워서, 친구들과 어울리기 위해 이런 말을 사용하기 시작하는 경우도 있어요. 또 다른 친구들이 하니까 그저 따라 하는 것도 동질감을 위한 것이라고 할 수 있어요. 특히 은어는 다른 사람들은 이해하지 못하고 자신들만 이해할 수 있다는 점에서 더 큰 동질감을 주기도 해요. 그래서 다른 사람들이 무슨 뜻인지 모를수록 더 자주 사용하고 싶기도 하지요.

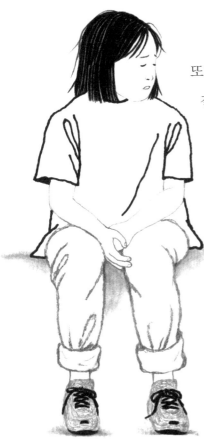

또한 이런 말들은 말하는 사람의 감정이나 생각을 잘 드러내 주어서 대화 내용을 강조하는 효과도 있어요. 아래 두 문장 중 어떤 표현이 시험 결과에 만족하지 못한 심정을 더욱 짧고 강렬하게 표현했나요.

시험을 너무 못 봐서 걱정이야.

시험 완전 멘붕!

특히 남을 비난할 때에는 품위 없어 보이는 말을 써야 그 비난의 정도가 더 커지는 것처럼 생각되기도 해요. 심한 욕을 쓰면 친구들이 기 센 아이로 생각해서 만만하게 보지 않는다고 생각하는 것도 바로 비속어, 은어가 가진 강조 효과와 관련이 있어요. 비속어를 써서 강해 보이고 싶은 마음을 표현하는 것입니다. 특히 문학작품에서는 사실과 같은 느낌을 표현하기 위하여 비어를 그대로 쓰기도 하고, 비공식적인 자리에는 화자의 의도를 분명히 하기 위해 종종 속어가 사용되기도 합니다.

이런 말들은 마음을 정화하는 기능도 있어요. 비속어를 정화해야 한다는 말은 많이 들었어도, 비속어가 도리어 정화 기능이 있다고 하면 이상하게 생각할지도 모르겠어요. 쉽게 말하면 비속어나 은어를 써서 스트레스가 풀리기도 한다는 뜻이에요. 짜증 나고 힘들고 화가 날 때 비속어를 쓰게 되면 기분이 조금 나아지기도 해요. 마음을 진정시켜서 심리적 쾌감을 얻는 거지요.

만약 말이 아니라 다른 방법으로 기분 나쁜 감정을 표현해야 한다면 어땠을까요. 스트레스를 풀기 위해 말이 아니라 무엇인가 다른 행동을 해야 한다면 세상은 더 혼란스러워졌을 거예요. 예를 들어 운전을 하는 중에 다른 차가 무리하게 추월을 한다거나 별다른 이유 없이 뒤에서 빵빵거릴 때 그저 한마디 비속어를 시원하게 내뱉어서 그 차에 대한 불만을 해소하는 것이 낫지, 그렇다고 해서 달려가서 그 차에 직접 해코지를 해서는 안 되잖아요. 차라리 혼자 거친 말을 해서라도 그 기분을 풀 수 있다면 마음이 정화되겠지요. 이 또한 말이 가진 힘이라고 할 수 있어요.

게다가 속어와 은어는 적절하게 사용하면 분위기를 좋게 만들기도 해요. 특히 유행어가 된 은어는 적절하게 사용하면 분위기가 유쾌해집니다. 말에 양념을 친다는 느낌이 있어요. 욕쟁이 할머니가 운영하는 식당이 인기를 끄는 것도 마찬가지예요. 이런 말들은 신선하고 재미있다고 생각하기 때문에, 대화를 재미나게 만들어 주는 촉매제 역할을 해서 결과적으로 분위기를 자유롭고 편안하게 만들기도 하는 것이지요.

그런 의미에서 비어, 속어와 은어와 같은 말들이 우리말을 오염시키는 것이 아니라 새로운 문화 코드라고 해석하는 경우도 있어요. 저렇게 험한 말을 어쩌면 그리 쉽게 내뱉느냐고 어른들은 질색을 하지만, 여러분과 같은 청소년들의 시점에서 봤을 때는 악의가 담겼다기보다는 그저 자신 세대들이 사용하는 일반적인 '사회 방언'으로 볼 수도 있는 것이지요. 이를 청소년 문화의 하나의 측면이라고 이해할 수 있어요. 게다가 속어나 은어 등은 새로운 단어나 신선한 표현을 만들어 내어 우리말 어휘 체계를 풍부하게 만들 뿐만 아니라 표현이 다양해지는 데 도움을 주기도 해요. 어쨌든 속어와 은어 등은 언어생활을 풍부하게 해 주는 면이 있다는 것을 부인할 수는 없다고 생각해요.

## 왜 어른들은 사용하지 못하게 할까

비속어와 은어도 나름대로 타당한 효과가 있다고 하니까, 이제부터 이 말들을 마음대로 사용해도 되겠구나 하고 생각하는 친구들이 있을 수도 있겠어요. 잠깐만요. 일단 마음대로 사용하기 전에 한 가지만 더 생각해 봅시다.

어른들은 여러분이 이런 말을 하면 정색을 하지요. 이런 말들을 어디선가 듣고 무심코 내뱉었다가 부모님께 아주 크게 혼이 난 기억은 누구나 한 번쯤 있을 거예요. 그런데 사실 어른들도 이런 말을 자주 사용해요. 텔레비전 오락 프로그램이나 영화에 보면 이런 말들이 아주 많이 나오잖아요. 어른들은 마음대로 사용하면서 청소년에게만 사용하지 말라고 하는 것은 모순이에요. 청소년에게 안 좋으면 어른들에게도 안 좋은 것일 텐데요. 어른들이 마음대로 쓰면서 여러분만 못 쓰게 하는 것이 억울한 면이 있어요. 어른들은 모범을 보여 주지도 않으면서, 청소년들이 쓰는 이런 말들을 마음에 들지 않아 하는 이유는 무엇일까요.

첫째, 청소년 시기는 언어를 형성하는 시기이기 때문이에요.

비속어를 자주 사용하다 보면 그 말을 쓰는 것이 버릇이 될까 봐 걱정하는 거예요. 일단 버릇이 되면 나중에는 고치고 싶어도 고치지 못하는 경우가 많거든요. 이건 여러분도 인정할 수 있지 않나요. 길 가다 넘어질 뻔했을 때, 큰 벌레를 봤을 때 등 무심코 비속어를 내뱉었다가 어른들 앞에서 민망해진(뻘쭘해진^^) 경험이 한 번쯤은 있을 거예요. 이처럼 버릇이 되면, 자신도 모르게 이런 말들이 튀어나오거든요. 이러한 민망한 상황이야 그저 그 순간에 민망하면 끝나겠지만, 더 큰 문제는 정말 비속어를 써서는 안 되는 상황, 이를테면 친구를 처음 소개받는 자리나 중요한 면접을 보는 자리에서 아무런 생각 없이 비속어가 나온다고 생각해 보세요.

게다가, 입맛이 자극적인 맛에 길들면 계속 더 자극적인 맛을 찾

듯이 한번 비속어에 길들면 점점 더 거칠고 자극적인 언어를 찾게 돼요. 비속어를 처음 들었을 때에는 눈살을 찌푸리다가도 자주 듣다 보면 그러려니 하는 경우도 많잖아요. 그래서 어른들은 아직 말습관이 굳어지지 않은 청소년 시기부터 거친 말을 쓰지 않기를 바라는 거예요.

둘째, 말은 생각에 영향을 미칠 수 있기 때문이에요.

말이 생각을 좌우한다는 것은 이미 앞에서 살펴보았잖아요. 그래서 말은 그 말을 하는 사람뿐 아니라 그 사람의 삶 자체를 평가하는 하나의 척도라고 생각돼요. 거친 말을 사용하는 사람은 교양이 없다는 인상을 주며, 더 나아가 그 사람의 성품을 의심하게 만들어요. 또한 비속어를 많이 사용하면 인격 형성이나 정서에도 나쁜 영향을 줄 수 있어요. 그래서 어른들은 여러분이 내뱉은 말의 주인으로서 좀 더 책임감을 가지기를 원하는 것이에요.

셋째, 청소년 세대와 의사소통을 원활하게 하고 싶어서예요.

부모님들은 여러분과 많은 대화를 하고 싶지만 왠지 부드럽게 이어지지 않은 까닭이 비속어나 은어 때문이라고 생각하는 것이에요. 안 그래도 대화가 어려운데, 비속어나 은어를 쓰면 같은 한국말을 하고 있는데도 서로 의사소통이 안 된다고 생각이 되는 것이에요. 그래서 부모님과 대화를 하다 보면 부모님은 자꾸 지시하고 판단하며 마지막에는 그저 공부하라는 말로 끝마치는 경우가 많아요.

## 이렇게 하면 어떨까요

저는 이런 비속어와 은어를 절대로 쓰지 않을 수는 없다고 생각해요. 이런 거친 말들이 가진 효과가 있으므로, 전혀 사용하지 말라고는 할 수 없어요. 그래서 이런 말들을 사용하는 몇 가지 기준을 생각해 보았어요.

첫째, 비어는 사용하지 마세요.

위에서 비어와 속어, 은어를 구분해서 설명했지만, 여러분 대부분은 비어와 속어를 엄격하게 구분하지 않고 사용할 거예요. 하지만 속어, 은어와 비어는 구분하기는 어려워도 그 효과는 크게 달라요. 비어는 기본적으로 부모님 또는 성(性)에 대한 멸시를 담고 있는 욕설이에요. 비어의 어원은 충격적일 정도로 험하고 적나라한 뜻을 담고 있어요. 비어에는 그 말을 듣는 상대방을 공격하려는 의도가 강하게 포함되어 있어서, 듣는 사람은 불쾌감과 모멸감을 느끼게 됩니다. 만에 하나 공식석상에서 분위기를 부드럽게 하기 위해 속어를 사용한다 하더라도, 비어는 결코 써서는 안 됩니다.

둘째, 써야 할 때와 삼가야 할 때를 구분하세요.

우리는 언제 어떤 스타일의 옷을 입어야 할지 잘 알고 있어요. 이를테면 수영복을 입고 학교에 가거나, 교복을 입고 수영을 하지는 않잖아요. 이렇듯 속어와 은어를 사용하는 상황을 구분하는 것이 필요해요. 친한 친구와 있을 때에는 이런 말들을 거리낌 없이 사용하는 이라 할지라도 이제 막 사귀기 시작한 친구와 있을 때에는 자연스레 말을 조심할 거예요. 이것이 바로 말을 하는 상황을 구분하는 것이에요.

저도 어렸을 때 친구들과 만나면 옛날로 돌아가서. "야, 너" 하면서 이야기해요. 그런데 그 친구를 공식석상에서 만나면 절대 그렇게 부르지 않고 서로 간에 존칭을 써요. 제가 이중적인 인간이어서가 아니에요. 말을 하는 환경이 있는 것이에요. 한 나라의 대통령도 나라 전체 국민을 향해 발언할 때의 말투와 고향에 가서 고향 사람들 앞에 이야기할 때의 말투를 구분해야 해요. 언제 어떤 말을 해야 할지를 구분하지 못한다면 우리는 아직 말을 잘한다고 할 수 없어요. 그러므로 거친 말들은 친구들과 있을 때만 쓰는 것이 좋습니다. 또한 가급적이면 문자메시지와 같이 소리를 내지 않는 환경에서만 사용하세요.

셋째, 다른 표현으로 바꾸어 보세요.

이를테면 자려고 누웠을 때와 같이 하루에 한 번쯤 시간을 내서 그날 사용한 비속어, 은어를 다른 단어나 다른 표현으로 바꾸어 보세요. 자신이 그 말을 한 그 감정을 살려서 비속어나 은어를 사용하지 않고 얼마나 다르게 표현할 수 있는지 연습하는 것이에요. 그리고 다음에 그 비속어, 은어를 말하고 싶을 때, 자신이 바꾼 다른 단어나 다른 표현을 실제 사용해 보는 것도 좋아요.

'문체론'이라는 학문에서는 똑같은 내용을 말하는 데에 얼마나 다른 표현이 있는지를 연구해요. 그러니까 다른 표현을 바꾸어 보는 연습은 문체론적인 훈련이라고 할 수 있어요. 이렇게 연습을 하는 까닭은, 이왕 비속어, 은어를 말한다면 이를 통해서 표현력을 늘리고 언어 구사 능력을 높이는 데에 활용해 보자는 것이에요. 여러분이 앞으로 글을 쓰거나 말을 할 때에 큰 도움이 될 거예요.

말을 잘하고 싶다면

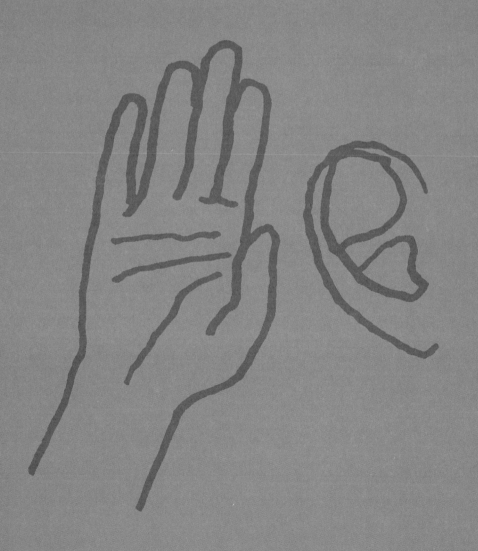

우리 주변에 보면 말을 참 잘하는 친구들이 있어요. 적절한 때에 적절한 말을 해서 분위기를 좋게 만들기도 하고 때로는 감동을 주기도 하지요. 어떻게 하면 말을 잘할 수 있을까요. 사실 원활한 의사소통이 이루어지기 위해서는 말하는 사람이나 듣는 사람이 서로 지켜야 할 원칙이 있어요. 이러한 원칙은 언변이 좋고 나쁜 것과는 아무런 상관이 없어요. 정말 중요한 것은 내 이야기를 잘 전달하고 상대방의 이야기를 잘 들어 주어서 원활하게 대화를 이끌어 가는 것이기 때문에 겉만 번드레한 언변은 결국은 한계에 부딪히게 돼요.

그러면 실제로 대화를 이끌어 갈 때 주의해야 할 몇 가지 원칙을 이야기해 볼게요.

## 잘 들어야 한다

사람들은 말을 할 때에 대부분 자신이 하고자 하는 말에만 집중합니다. 하지만, 말을 한다는 것은 상대방과 소통하는 것입니다. 내 말만 상대방에게 일방적으로 전달한다면 이는 소통이 아니라 전달이나 지시 또는 통보에 불과합니다. 따라서 말을 잘하기 위해서는 우선 잘 들어야 합니다. 내가 열심히 이야기를 했는데, 친구가 "지금 뭐라고 말했지?"라고 하거나 "미안. 딴생각하느라 네 말을 놓쳤어"를 반복한다면, 기분이 어떻겠어요. 잘 듣는 몇 가지 방법을 소개해 볼게요,

**상대방을 바라본다**

상대방을 이해시키는 데 있어서 말하는 내용 자체는 10% 미만의 비중만을 차지한다고 해요. 오히려 사람들은 대화를 하면서 상대방의 눈짓, 몸짓, 웃음, 말의 속도, 목소리의 높고 낮음, 얼굴의 붉어짐, 눈물 등과 같은 비언어적인 정보에서 그 사람의 감정이나 태도와 같은 정보를 얻는답니다. 그러므로 잘 듣기 위해서는 이야기를 하는 상대방을 바라보아야 해요. 대화를 나눌 때에는 서로 얼굴을 마주 보고 눈을 맞추며 이야기하는 것이지요.

무엇인가 잘못한 일이 있을 때 선생님이나 부모님 눈을 똑바로 바라보지 못했던 경험이 있는 사람이라면, 고개를 숙이거나 눈을 피하는 것은 성의가 없어 보이거나 자신감이 없어 보인다는 것을 알 거예요.

외국어를 배울 때에도 이와 비슷한 경험을 할 수 있어요. 예전에 외국어가 능숙하지 않은 상황에서 어느 외국인과 전화로 이야기할 일이 있었어요. 하지만, 전화로 대화를 나누는 것과 직접 얼굴을 보고 이야기하는 것은 크게 다르더라고요. 전화로 이야기할 때에는 오

로지 귀에 들리는 소리로만 정보를 받아야 하니까, 대면해서 말을 할 때보다 자연스럽고 능숙하게 이야기할 수 없게 돼요.

상대방을 바라보기 위해서는 대화를 방해하는 요소를 없앨 필요도 있어요. 내가 이야기를 하는데 친구가 휴대전화를 만지작거리거나 텔레비전 오락 프로그램에 한눈을 팔고 있으면 무시당하고 있다고 생각되면서 자존심이 상하겠지요.

### 맞장구를 친다

또한 상대가 얘기할 때, 내가 잘 듣고 있다는 것을 보여 주기 위해서는 적절히 고개를 끄덕이거나 짧게 맞장구를 치는 것도 필요해요. 경우에 따라서는 "응, 그렇구나.", "정말, 걔가 그렇게 말했단 말이야?" 등과 같이 반응을 보여 주는 것이 좋아요. 이야기가 재미있을 때는 웃고, 심각한 얘기를 할 때는 함께 걱정스러운 표정을 짓는다면 상대는 진심으로 자신과 자신이 말하는 내용에 관심을 받고 있음을 느끼게 될 것이에요. 상대방이 내 이야기를 경청하며 공감하고 있음을 느끼면 좀 더 솔직한 내면을 내보이게 됩니다. 그러므로 상대로 하여금 자신의 말을 열심히 들어 주고 있다는 느낌을 갖도록 하는 것은 중요합니다.

## 말을 끝까지 듣는다

말을 잘 듣는다는 것은 또한 상대방이 하는 말을 중간에 자르지 않는 것도 포함합니다. 내가 말을 하는 동안은 나는 나만의 영역을 만들고 있는 중입니다. 여러분이 열심히 이야기하는데, 누군가가 중간에 말을 끊어 버리거나 제대로 듣지 않았을 때의 기분을 생각해 보세요. 그 사람이 내 의견에 동조하는 경우라 할지라도 내 말이 중간에 잘리면 기분이 좋지는 않습니다. 아직 말이 끝나지도 않았는데, 누군가가 말을 자르고 들어온다면 마치 흙 묻은 발로 자신의 방에 들어오는 것처럼 불쾌해지는 일입니다.

게다가 상대방의 의견에 지적을 하거나 반대를 할 경우에는, 아니 반대할수록 그의 말을 끝까지 듣고 해야만 합니다. 말이 다 끝나기도 전에 그 자리에서 끼어들어 자신의 뜻을 나타낸다면, 이는 대화가 아니라 꼬투리를 잡는 말다툼이 되어 버리고 말아요. 그러므로 상대방의 말이 어이가 없고 화가 날 때에는 그저 마음속으로만 말하고 잠자코 있는 편이 더 나아요. 그래야 서로 반감을 최소화할 뿐 아니라, 상대의 의견을 모두 듣고 정확하게 반론을 펼칠 수 있기 때문이죠.

## 말대꾸는 하지 않는다

상대방의 말을 자르지 말라는 것과 같은 맥락에서 절대로 말대꾸는 하지 마세요. 특히 누군가 화가 났을 때에는 자신도 모르게 방어를 하려고 말 한 마디 한 마디에 반응을 하게 되는 경우가 있어요. 하지만 말대꾸로 상황이 나아지는 경우는 거의 찾아보기 어려워요. 오히려 더 상황이 악화될 뿐이에요. 말대꾸를 하는 순간은 충분히 변명이 되는 것 같지만, 듣는 사람 입장에서는 핑계처럼 느껴져서 상대방이 오해를 하거나 화를 내게 될 수도 있어요.

지금까지 말대꾸를 해서 도움이 된 적이 있었는지 생각해 보세요. 특히 부모님 또는 어른들과 이야기할 때는 비난이든, 오해든 그 말이 끝날 때까지 기다렸다가 자신의 이야기를 하는 것이 좋습니다.

지금까지의 이야기를 정리해 볼게요. 잘 듣기 위해서는 상대방을 바라보면서 이야기를 하고 적절하게 맞장구를 치며 중간에 말을 자르지 않는 것이 중요해요.

## 상대가 듣고 싶은 말을 한다

말을 잘하기 위해서는 상대방이 듣고 싶은 말을 해야 해요. 그렇다고 상대방에게 아부하라는 뜻이 아니에요. 대화를 할 때에는 상대방이 나에게 알고 싶은 것이 무엇인지 내가 상대방에게 전달해야 하는 것이 무엇인지 정확하게 파악하여야 한다는 말입니다.

## 대화의 주제를 분명히 한다

부모님과 다음과 같은 대화를 해 본 적이 있을 거예요.


요즘 학교생활은 어떠니?

몰라.

친구들이랑은 잘 지내니?

아, 몰라.


부모님은 자식에게 관심을 가지고 어떤 일이 있었는지 궁금한데, 그저 "몰라"라고만 하고 그냥 방으로 들어가 버린다면, 대화의 협력을 막는 것이에요. 부모님이 듣고 싶은 내용과는 너무 크게 차이가 나는 것입니다.

여러분이 친구에게 "너네 집이 어디니?"라고 물었는데, 그 친구가 그저 "서울"이라고 답을 했다고 해 보세요. "야, 서울이 다 네 거냐?"라는 소리가 안 나올 수 없겠지요. 그 친구가 나에게 관심이 없다거나 나랑 친하고 싶어 하지 않는다고 오해를 할 수도 있잖아요.

상대방이 듣고 싶은 말을 하라는 것에는 대화할 때에 그 당시에 주제가 되는 이야기를 해야 한다는 뜻을 포함하고 있어요. 버스 안에서 누군가가 여러분의 발을 밟았다면, 당연히 미안하다는 사과와 관련된 주제로 대화를 이어 나가리라 생각됩니다. 그럼에도 발을 밟은 사람이 "저는 바나나 우유를 좋아해요"라고 말한다면, 여러분은 그 사람을 이상하게 생각하지 않겠어요? 이처럼 대화를 원활하게 하기 위해서는 상대방이 원하는 정보를 정확하게 제대로 주어야 해요.

### 상대방을 고려한다

다음 대화를 읽어 보세요.

A: 오늘 내가 특별히 맛있는 거 사 줄게. 뭐 먹을까?

B: 아무거나 먹자.

A: 아무거나라는 음식이 어디 있어. 뭐 하나 정해 봐.

B: 너는 뭐 먹고 싶은데? 네가 먹고 싶은 거면 나도 좋아.

A: 그럼 우리 삼겹살 먹으러 갈래?

B: 아니. 나 어제도 고기 먹었는데.

A: 그래? 스파게티는 어때?

B: 오늘은 왠지 느끼한 것은 안 당겨.

A: 그렇다면, 순대랑 떡볶이는 어때?

B: 글쎄.


이 두 사람의 대화가 잘 이루어지지 않은 까닭은 상대방을 전혀 고려하지 않았기 때문입니다. 상대방이 알고 싶어서 묻는 질문에 정확하게 답을 주지 않고 "아무거나, 글쎄"와 같이 말을 한다면 원활하게 소통이 이루어질 수 없어요.

때로는 적절한 칭찬도 대화를 부드럽게 이어 나가는 데에 영향을 미쳐요. 칭찬은 다른 사람의 마음을 움직일 수 있는 힘이 있지요. 그렇다고 어설프거나 지나치게 과도한 칭찬, 또는 없는 사실을 칭찬하라는 것이 아니에요. "오늘은 머리 모양이 잘 어울리네", "오늘은 얼굴이 좋아 보이네" 등 아무것도 아닌 것 같지만 이러한 말이 쌓이면 엄청난 효과를 발휘할 수 있어요.


## 쉽고 짧게 말한다

친구에게 "지금 몇 시지?"라고 물었는데, 그 친구가 "오후 2시 25분 15초를 막 지나고 있어. 아 말하는 순간 16초가 되었네"라고 말한다면 기분이 어떨까요. 만약 모르는 사람이 그랬다면, 화가 날 수도 있어요.

장난스럽기는 하지만 조금 과도한 예를 들어 볼까요? 학교에서 친구가 여러분 옆을 지나가다가 발을 밟고 난 후에 다음과 같이 말했어요.

내가 말이야. 어제 그만 밤늦도록 공부를 했잖아. 아침에 정말 일어나기 싫더라고. 엄마가 하도 깨워서 할 수 없이 일어나서 세수를 하는 둥 마는 둥 학교에 왔어. 또 출석 점수에 문제가 될까 봐 억지로 오기는 왔지. 그런데 아직도 잠이 안 깼어. 그러다가 세수를 하려고 밖에 나가려는데, 갑자기 내 몸의 아랫부분이 네 발 위로 포개지는 거야. 내가 내 말초신경을 통제하지 못하고 그만 네 발 위에 50킬로그램의 하중으로 압력을 가하게 되었어. 미안해.

이 친구는 분명 사과를 했기는 했지만, 왜 사과라고 느껴지지 않을까요? 우리가 사과라고 생각하는 말의 양을 지나쳤기 때문인 것이지요.

모든 것을 다 말할 수는 없고 다 말할 필요도 없어요. 장황하게 이야기하지 않도록 요점을 중심으로 이야기하는 것이 중요합니다. 쓸데없는 말이나 목적에 상반되는 말을 삼가도록 하고, 짧고 간결하게 이야기해야 해요.

## 완곡하게 말한다

완곡하게 말하라는 것은 듣는 사람의 감정이 상하지 않도록 모나지 않고 부드러운 말을 쓰라는 뜻이에요. 한마디로 하면 직접적으로 말하는 것보다는 돌려 말하라는 것이지요. 말 한마디로 상처를 입힐 수도 있으며, 말로 인한 상처는 다른 어떤 상처보다 더 깊어서 더 오래가기도 해요. 우리말 속담에 "같은 말이라도 아 다르고 어 다르다"라는 말이 있어요. 같은 내용의 말이라도 어떻게 표현하느냐에 따라 아주 다르게 들린다는 뜻이에요. 같은 재료를 사용하더라도 어떻게 조리하느냐에 따라 음식의 맛도 다른 맛을 내잖아요.

텔레비전을 보고 있을 때 엄마가 "너 하루 종일 텔레비전만 보고 있니?"라는 말을 들으면 기분이 어떤가요? 이제 겨우 한 시간 정도 보았는데, 왜 '하루 종일'이라고 말하는지 어이가 없기도 하지요. 그저 과장법을 썼다는 것을 알지만, 그 말을 듣는 순간 화가 납니다. 안 그래도 지금 하고 있는 것만 끝나면 공부를 하려고 했는데, 엄마가 먼저 그렇게 말하니 더 하기 싫어지기까지 해요. 만약 "지금 보는 프로그램 끝나면 그만 봐라"라고 말씀하셨다면 어땠을까요. 조금은 화가 덜 날 수 있겠지요. 이처럼 똑같은 말을 하더라도 이왕이면 상대방을 배려해서 완곡하게 돌려 말하는 것도 중요해요.

일요일 친구와 같이 만나 점심 메뉴를 정하고 있는 상황을 생각해 보세요. "오늘 짜장면 어때?"라고 말하니까, 친구가 내 말이 끝나자마자 "야, 촌스럽게 무슨 짜장면이냐? 그냥 떡볶이 먹자"라고 하면 마치 나를 무시하는 것처럼 느껴질 수도 있어요. 하지만 그 친구가 "짜장면도 좋기는 한데, 난 오늘 왠지 매운 게 먹고 싶어. 떡볶이는 어때?"라고 말한다면, 똑같은 거절이라도 기분이 덜 나쁠 수 있어요. 이처럼 대뜸 부정적인 표현을 쓰는 것보다는 말을 돌려 말한다면 상대방의 기분을 덜 상하게 할 수 있어요.

휴일날 친구와 같이 점심을 먹고 영화를 보기로 했는데, 그 친구가 또 약속 시간에 늦게 왔어요. 나는 기분이 나빠져서 친구에게 한마디 하자 친구도 지지 않고 응답합니다.

A: 너도 참, 도대체 왜 맨날 약속 시간에 늦니?
B: 뭐, 내가 언제 맨날 늦었냐? 그러는 너는 한 번도 늦은 적이 없냐?
A: 지금 그 말이 여기서 왜 나와? 내가 늦으면 그때 말해.

친구와의 대화가 이렇게 흐르면 분위기가 나빠지고 기분 좋은 휴일을 망쳐 버릴 수도 있어요. 오늘은 이미 늦었으니까 다음번 약속을 위해서 다음과 같이 말했다면 상황은 조금 달라질 수 있을 거예요.

너는 시간만 잘 지키면 최고의 친구인데. 다음에는 조금 일찍 나와.

이처럼 완곡하게 말을 하는 것은 나중에 사회생활을 할 때에도 필요합니다. 상사가 부당한 업무 지시를 내릴 때에도 "그건 지금 안 되는 일인데요?"라거나 "그렇게 하면 문제가 생길 거 같은데요?"라고 말하는 것보다는 "잘 알겠습니다. 하지만 만약 이런 문제가 발생했을 때 어떻게 하면 좋을까요?"라고 돌려 표현하는 것이 더 좋을 것입니다.

또한 다음과 같이 서로 자신의 입장에서만 말을 하면 대화는 원활하게 이루어지기 어려워요.

A: 이거 급하니까 지금 복사 좀 해 줘요.

B: 지금 바쁘니까 다른 사람에게 부탁하세요.

처음부터 다음과 같이 말했으면 상황이 조금 달라지지 않았을까요.

A: 매번 부탁해서 미안한데, 이거 급하니까 지금 복사 좀 해 줄래요.

B: 죄송해요. 지금 팀장님이 시킨 일을 빨리 끝마쳐야 해서 바빠요. 죄송한데, 다른 사람에게 부탁하면 안 될까요?

물론 매번 이렇게 말하라는 것은 아니에요. 때로는 돌려 말하지 않고, 직접적으로 솔직담백하게 메시지를 전달하는 것이 더 효과적인 때도 있기는 해요. 그런 상황을 잘 구분하는 것도 대화를 잘 이끌어 갈 수 있는 능력이에요. 대화라는 것은 상대에게 올바르게 받아들여

저야 올바른 표현이라는 사실을 기억해 두세요.


## 주어를 나로 한다

나의 생각과 감정을 전달할 때에는 가급적 나를 주어로 하는 것이 좋습니다. '너'라는 말로 시작하는 대화는 상대방을 방어적으로 만들기 때문이에요.
　다음을 읽어 보세요.


　왜 넌 요즘 연락을 잘 안 하냐? 어제는 내가 몇 번이나 카톡했는데 답장
　도 늦게 하더라. 짜증 나.


　위의 말은 거의 상대방을 비난하는 내용으로 채워져 있어요. 주어가 대부분 '너'이고, 너의 행동을 지적하는 식이에요. 하지만 이와 같은 내용을 다음과 같이 바꾸어 볼까요.


　나 요새 되게 마음이 상했어. 나는 너한테 자주 연락받고 싶어. 다음부
　터는 카톡 보면 바로바로 답장을 해 주면 좋겠어.


　우선 내가 느끼는 감정을 먼저 이야기해요. 그다음에는 그 이유

나 원인을 이야기한 다음 내가 상대방에게 바라는 행동이나 말을 하는 것이지요. "짜증 나, 싫어"와 같이 공격적이고 불쾌한 느낌의 단어들로 상대의 분노를 자극하지 말고, 가급적 주어를 나로 해서 나의 상태를 묘사하고 내가 바라는 점을 설명하면 대화는 훨씬 부드러워져요.

"엄마는 왜 맨날 엄마 맘대로 해요?"라고 짜증을 내며 말하는 것보다는 "엄마, 저도 가끔은 제가 하고 싶은 일을 해 보고 싶어요"라든가 "엄마가 보기에 제가 어린아이 같겠지만, 때로 저도 제 스스로 결정을 내리고 싶어요. 이번 일만이라도 제가 결정하고 제가 책임을 지게 해 주세요"라고 말해 보세요.

주어를 나로 한다는 말의 또 다른 뜻은 '나 자신의 이야기를 하라'는 것이에요. 가끔은 그 자리에 없는 친구 얘기도 재미있고 연예인 소식도 흥미롭지만, 그것만으로 그쳐 버린다면 그 대화는 겉돌고 말아요. 자신의 이야기를 진심으로 꺼내 놓으면서 진정한 대화는 시작되거든요. 그렇게 해서 좋은 친구를 만들어 갈 수 있어요.


## 말하는 연습을 한다

수영 선수가 수영을 잘하기 위해서 얼마나 많은 노력을 할까요. 어떤 상황이라도 똑같은 몸의 움직임을 만들기 위해 같은 행동을 수만 번씩 반복한다고 해요. 연예인도 건강한 몸을 유지하기 위해서 매일 두세 시간 이상 운동을 해요. 다시 말해서 노력 없이 그냥 얻어지는 것은 없어요. 말하는 것도 마찬가지입니다. 나면서부터 말을 잘하는 이도 있습니다만, 대부분의 사람들은 훈련을 통해서 말을 더 잘할 수 있어요. 요즘처럼 말을 하는 것이 중요한 시대에는 말하는 연습을 하는 것도 필요합니다. 말하기 연습 요령 몇 가지를 소개할게요.

우선 "어, 음, 아"와 같이 쓸모없는 말을 덧붙이는 버릇은 고쳐야

합니다. 이렇게 말하면 준비가 덜된 것처럼 보일 뿐만 아니라, 듣는 사람 입장에서는 매우 답답하게 느껴져요. 또한 말을 끝맺지 않고 입속에서 중얼거리면서 중간에 흐지부지 끝내는 버릇이 있는 경우도 있습니다. 또는 했던 말을 몇 번씩이나 반복하는 경우도 있어요. 이런 말버릇을 고치기 위해서는 자신이 하는 말을 녹음하여 다시 들어 보는 것도 좋아요. 말을 하면서는 내용에만 집중하느라 깨닫지 못한 자신의 언어 습관을 객관적으로 듣고 고칠 수 있어요.

상황이 끝난 후에 "내가 그때 왜 그런 말을 했지" 아니면 "내가 왜 그렇게 대답하지 못하고 가만히 있었지" 하면서 자주 후회를 하는 사람도 있지요. 이런 경우에는 생각한 것을 정확하게 글로 옮겨 보는 훈련을 해 보세요. 내 의견을 확실하게 주장하거나 중요한 발표를 할 일이 있을 때에는 미리 원고를 작성해 보는 것도 좋습니다.

물론 모든 대화를 녹음하거나 미리 써 보라는 말은 아니에요. 하지만 어느 정도 자신이 생길 때까지는 번거롭더라도 몇 번 반복하여 들으면 훨씬 나아지게 됩니다. 친한 친구에게 부탁하여 내 말을 듣고 지적해 달라고 하는 것도 방법이에요.

제 생각에 제일 좋은 연습 상대는 부모님이에요. 일부러 시간을 낼 필요도 없어요. 집에서 단 10분만이라도 말을 시작해 보는 것이에요. 매일 보기 때문에 특별히 할 말이 없기도 하고, 새삼스럽게 이야기하는 것이 민망하기도 할 겁니다. 하지만, 그날 학교에서 있었던 일들, 점심 급식 메뉴, 친구 이야기 등 작은 일부터 이야기를 하면서 말하는 연습을 할 수 있어요. 말은 원래 하면 할수록 늘고 또한 이야깃거리가 많아지는 법이니까요.

## 생각의 차이를 인정하자

어렸을 때는 무슨 일이 있으면 제일 먼저 부모님에게 가서 어떻게 해야 좋을지 물어보기도 했어요. 사소한 것까지 전부 이야기하면서 자신의 생각과 느낌을 솔직히 표현했던 적도 있었어요. 하지만 조금씩 나이가 들면서 부모님과의 대화가 점점 어려워져요. 막상 부모님과 대화를 시작하더라도 부드럽게 넘어가지 않는 경우가 더 많이 있기도 해요. 오히려 대화하다가 신경질이 나서 다시는 말을 하지 않겠다고 다짐을 하는 경우도 있는 듯해요.

우선 부모님과 여러분은 생각이 다를 수밖에 없다는 것을 인정하는 것이 좋아요. 요즘의 부모와 자녀 사이에는 적어도 서른 살 이상 나이 차이가 나는 경우가 많아요. 예전처럼 일찍 결혼할 때와 비교하면 거의 한 세대가 달라지는 것이에요. 이처럼 부모님과 여러분이 성장한 사회적 배경이 다르기 때문에 가치관이나 사고방식, 생활 습관, 표현 방법 같은 것들이 다를 수밖에 없어요. 그러니 대화를 하다 보면 처음 의도와는 다르게 이러한 차이들이 부각되곤 해요. 우리가 대화를 하는 것은 이러한 차이를 억지로 없애는 것이 아니라, 그 간격을 조금이라도 좁히려는 것입니다. 기대치를 낮게 잡으면 작은 효과에도 만족할 수 있어요.

또한 자신의 입장을 주장하더라도 상황을 뒤바꿔 부모님의 입장에 서 보는 노력을 할 필요가 있어요. 아무리 자신의 주장이 옳더라도 부모님이 왜 그렇게 생각하고 그렇게 말하는지를 한 번쯤은 고려해 볼 필요가 있어요. 상대방의 입장에서 생각해 보면 내가 미처 보지 못한 면이 드러나기도 하거든요. 이러한 노력은 나중에 사회생활을 할 때에도 꼭 필요합니다.

어른이라고 해서 완전한 것은 아니라는 것을 이해해 주세요. 세상에 완벽한 인간은 없어요. 부모님도 그들 나름대로의 불안, 욕구, 감정을 가지고 있는 한 명의 인간이에요. 그래서 그 주장이 나와는 다를 수도 있고 때로는 실수를 할 수도 있어요. 이럴 때일수록 더 자신의 생각이나 감정을 더 정확하게 알려야 해요. 말이 안 통한다고 그냥 방문을 닫고 들어가 버리면 아무것도 해결되지 않아요. 말하지 않은 것은 누구도 알 수는 없어요. 설득하거나 이해받기를 원하지 말고 그저 여러분의 생각을 전달해 보세요.


말이란 늘 오해를 동반하게 된다. 똑같은 개념을 지닌 말을 가지고도 의사소통이 잘 안 되는 것은 서로가 말 뒤에 숨은 뜻을 모르고 있기 때문

이다. 엄마들이 아가의 서투른 말을 이내 알아들을 수 있는 것은 말소리
보다 뜻에 귀 기울이기 때문이다.

— 법정 스님, 「인연」 중에서

내 말의 씨가
어떤 열매를 맺을까?

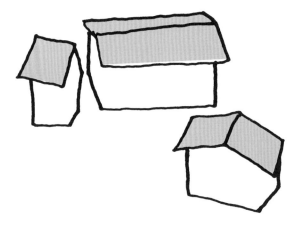

지금까지 우리는 말한다는 것에 대해 살펴보았어요. 그저 입에서 나오는 대로 말하면 되는 줄 알았는데, 말한다는 것이 참 복잡한 일이라는 것을 깨달았다면 좋겠어요.

말은 단순히 의사소통의 도구를 넘어서 특별한 힘을 가지고 있어요. 만약 말이 없었다면 인간은 지금의 모습을 가지지 못했을 것이에요. 지금 우리가 누리고 있는 문명도 말을 할 수 있었기 때문이에요. 그래서 인간이 말을 할 수 있는 능력을 가졌다는 것을 강조해서 인간을 '호모 로퀜스(Homo loquens)'라고 해요. '말하는 인간'이라는 뜻이에요. 이 책을 읽으면서 평소에 무심코 넘기던 '말'에 대해서 다시 한 번 생각해 볼 수 있는 시간이 되었기를 바라요.

다음은 말이 얼마나 중요한지를 보여 주는 시예요. 천천히 읽어보면서, 내가 그동안 내뱉은 말의 씨가 어떤 열매를 맺었는지 생각해 보세요. 그리고 앞으로 내가 할 말의 씨는 어떤 열매를 맺었으면 좋은지도 아울러 생각해 보세요.

내가 이 세상에 태어나 수없이 뿌려 놓은

말의 씨들이

어디서 어떻게 열매를 맺었을까

조용히 헤아려 볼 때가 있습니다

무심코 뿌린 말의 씨라도 그 어디선가

뿌리를 내렸을지 모른다고 생각하면

왠지 두렵습니다

더러는 허공으로 사라지고

더러는 다른 이의 가슴속에서

좋은 열매를 맺고

또는 언짢은 열매를 맺기도 했을

내 언어의 나무


참으로 아름다운 언어의 집을 짓기 위해

언제나 기도하는 마음으로

도를 닦는 마음으로 말을 하게 하소서

언제나 진실하고 언제나 때에 맞고

언제나 책임 있는 말을 갈고닦게 하소서


내가 이웃에게 말을 할 때는

하찮은 농담이라도

함부로 지껄이지 않게 도와주시어

좀 더 겸허하고

좀 더 인내롭고

좀 더 분별 있는

사랑의 말을 하게 하소서


하나의 말을 잘 탄생시키기 위해

먼저 잘 침묵하는 지혜를 깨우치게 하소서

헤프지 않으면서 풍부하고

경박하지 않으면서 유쾌하고

과장하지 않으면서 품위 있는

한 마디의 말을 위해

때로는 진통 겪는 어둠의 순간을

이겨 내게 하소서


— 이해인, 「말을 위한 기도」

생각이 찾아오는 학교 너머학교

## 생각한다는 것
고병권 선생님의 철학 이야기
고병권 지음 | 정문주 · 정지혜 그림

## 탐구한다는 것
남창훈 선생님의 과학 이야기
남창훈 지음 | 강전희 · 정지혜 그림

## 기록한다는 것
오항녕 선생님의 역사 이야기
오항녕 지음 | 김진화 그림

## 읽는다는 것
권용선 선생님의 책 읽기 이야기
권용선 지음 | 정지혜 그림

## 느낀다는 것
채운 선생님의 예술 이야기
채운 지음 | 정지혜 그림

## 믿는다는 것
이찬수 선생님의 종교 이야기
이찬수 지음 | 노석미 그림

## 논다는 것
오늘 놀아야 내일이 열린다!
이명석 글 · 그림

## 본다는 것
그저 보는 것이 아니라 함께 잘 보는 법
김남시 지음 | 강전희 그림

## 잘 산다는 것
**강수돌 선생님의 경제 이야기**
강수돌 지음 | 박정섭 그림

## 사람답게 산다는 것
**오창익 선생님의 인권 이야기**
오창익 지음 | 홍선주 그림

## 그린다는 것
**세상에 같은 그림은 없다**
노석미 글·그림

## 관찰한다는 것
**생명과학자 김성호 선생님의 관찰 이야기**
김성호 지음 | 이유정 그림

## 말한다는 것
**연규동 선생님의 언어와 소통 이야기**
연규동 지음 | 이지희 그림

**너머학교 고전교실**

## 삼국유사,
## 끊어진 하늘길과 계란맨의 비밀
일연 원저 | 조현범 지음 | 김진화 그림

## 종의 기원,
## 모든 생물의 자유를 선언하다
찰스 다윈 원저 | 박성관 지음 | 강전희 그림

## 너는 네가 되어야 한다
**고전이 건네는 말 1**
수유너머R 지음 | 김진화 그림

## 나를 위해 공부하라
고전이 건네는 말 2
수유너머R 지음 | 김진화 그림

## 독서의 기술,
## 책을 꿰뚫어보고 부리고 통합하라
모티머 J. 애들러 원저 | 허용우 지음

## 우정은 세상을 돌며 춤춘다
고전이 건네는 말 3
수유너머R 지음 | 김진화 그림

## 대화편,
## 플라톤의 국가란 무엇인가
플라톤 원저 | 허용우 지음 | 박정은 그림

## 감히 알려고 하라
고전이 건네는 말 4
수유너머R 지음 | 김진화 그림

## 아Q정전,
## 어떻게 삶의 주인이 될 것인가
루쉰 원저 | 권용선 지음 | 김고은 그림

## 언제나 질문하는 사람이 되기를
고전이 건네는 말 5
수유너머R 지음 | 김진화 그림

## 경연,
## 평화로운 나라로 가는 길
오항녕 지음 | 이지희 그림

## 유토피아,
## 다른 삶을 꿈꾸게 하는 힘
토머스 모어 원저 | 수경 지음 | 이장미 그림

그림을 그린 **이지희** 선생님은
대학에서 시각디자인을 전공하고, 한국일러스트레이션학교(Hills)에서 일러스트레이션을 공부했습니다. 『싸우는 소년』, 『경연,
평화로운 나라로 가는 길』에 그림을 그렸습니다. 오래되어 낡은 것들에 흥미를 느끼며 다양한 작업을 하고 있습니다. 편안하
고 소탈한 사람이 되기를 꿈꿉니다.

말한다는 것

2016년 7월 12일 제1판 1쇄 발행
2019년 4월 12일 제1판 3쇄 발행

| | |
|---|---|
| 지은이 | 연규동 |
| 그린이 | 이지희 |
| 펴낸이 | 김상미, 이재민 |
| | |
| 기획 | 고병권 |
| 편집 | 김세희 |
| 디자인기획 | 민진기디자인 |
| | |
| 종이 | 다올페이퍼 |
| 인쇄 | 청아문화사 |
| 제본 | 광신제책 |
| | |
| 펴낸곳 | 너머학교 |
| 주소 | 서울시 종로구 자하문로24길 32-12 2층 |
| 전화 | 02)336-5131, 335-3366, 팩스 02)335-5848 |
| 등록번호 | 제313-2009-234호 |

너머북스와 너머학교는 좋은 서가와 학교를 꿈꾸는 출판사입니다.